Lernkrimi Spanisch

W0055844

Una siesta fatal

María Montes Vicente
Ana López Toribio

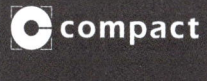

Weitere Informationen zu Compact Lernkrimis finden Sie am Ende des Buches und unter www. lernkrimi.de.

© Compact Verlag GmbH
Baierbrunner Straße 27, 81379 München
Ausgabe 2016
2. Auflage

Redaktion: Janine Kaitzl
Fachkorrektur: Pablo Pino
Produktion: Ute Hausleiter
Titelillustration: Karl Knospe
Lernkrimi-Logo: Carsten Abelbeck
Umschlaggestaltung: EKH Werbeagentur, textum GmbH
Typografischer Entwurf: EKH Werbeagentur, Hartmut Baier

ISBN 978-3-8174-9659-4
381749659/2

www.compactverlag.de, www.lernkrimi.de, www.facebook.com/lernkrimi

 # Vorwort

Liebe Leserin, lieber Leser,

sicher zum Lernerfolg – mit Spaß und Spannung! Die Compact Lernkrimis mit ihrer Kombination aus Lektüre und didaktischem Übungsanteil eignen sich hervorragend, um breite Sprachkompetenzen in der Fremdsprache zu erwerben. Der Lerner wird dabei durch die spannende Handlung, das angemessene Sprachniveau und den stetig ansteigenden Schwierigkeitsgrad der Übungen gefördert und motiviert.

Entwickelt nach neuesten Erkenntnissen der Fremdsprachendidaktik, sind Compact Lernkrimis das ideale Medium für einen Lernerfolg im Selbststudium. Durch die kleinen Texteinheiten und den hohen Übungsanteil sind sie aber auch als Unterrichtslektüre bestens geeignet.

So lernen Sie mit Compact Lernkrimis:
- **Mit Begeisterung lernen:** Die packende Krimihandlung motiviert Sie beim Lesen des spanischen Originaltextes.
- **Wissen intensivieren und erweitern:** Durch die Kombination aus didaktisierter Lektüre und textbezogenen Übungen testen und trainieren Sie Ihre Sprachkenntnisse effektiv. Vokabelangaben auf jeder Seite unterstützen Sie beim Lesen.
- **Systematisch lernen:** Knüpfen Sie an Ihr individuelles Sprachniveau an und setzen Sie eigene Lernziele – linear im Schwierigkeitsgrad ansteigend oder mit punktuellen Schwerpunkten von Grundwortschatz bis Hörverstehen.
- **Unabhängig sein:** Lernen Sie ganz individuell – wo und wann Sie wollen.

Viel Spaß beim **spannend Spanischlernen**
wünscht Ihnen

Prof. Dr. Christiane Neveling
Didaktik der romanischen Sprachen, Universität Leipzig

Inhalt

Ataque en la montaña

María Montes Vicente

La llegada
a la cabaña

Como todos los años en el mes de febrero, Jorge, Lucía, Juan y los demás amigos del grupo se van unos días a **esquiar** a la montaña. **Desde hace** años organizan esta **escapada**. Siempre van todos y siempre al mismo sitio. Hace diez años que **alquilan** la misma cabaña en la estación de Formigal. Son amigos desde niños, todos de Zaragoza. Ya todos trabajan, viven en diferentes ciudades y tienen más de 30 años, pero cada febrero vuelven a casa,

alquilan una **furgoneta** y se van a esquiar como en los **viejos tiempos**. Y nunca falta nadie, es la **condición** más importante del viaje: Jorge y Lucía, que son novios desde el instituto y todavía viven en Zaragoza; Juan, Irene y Pilar, amigos **inseparables** aunque ahora todos viven fuera; y, por último, Jaime y Sergio, hermanos y **empresarios** que trabajan en Cartagena.

llegada *f*	Ankunft
cabaña *f*	Hütte
esquiar	Ski laufen/fahren
desde hace	seit
escapada *f*	*hier*: Ausflug, Urlaub
alquilar	mieten
furgoneta *f*	Kleintransporter
viejos tiempos *m pl*	(gute) alte Zeiten
condición *f*	Bedingung
inseparable	unzertrennlich
empresario *m*	Unternehmer

Cada vez es más difícil encontrar unos días para todos. Juan siempre tiene mucho trabajo, Sergio nunca tiene dinero, Pilar vive muy lejos…

Pero este año Jorge y Lucía tienen una noticia muy importante y quieren contársela a todos juntos.

cada vez	jedes Mal
contar	erzählen
embarazada	schwanger
¡Enhorabuena!	Herzlichen Glückwunsch!
a la vez	gleichzeitig
cuna *f*	Wiege
bromear	scherzen
interrumpir	unterbrechen

–Bueno chicos, ahora que estamos todos, hay una cosa que os queremos contar –dice Jorge.

–¿Lo dices tú? –le pregunta Jorge a Lucía.

–¡Venga! ¡Qué nervios! ¡Decidlo ya! –dice nervioso Jaime.

Ser und estar bereiten oftmals Schwierigkeiten, da beide Verben „sein" bedeuten. Dabei wird ser grundsätzlich dafür benutzt, dauerhafte Eigenschaften einer Person oder Sache zu beschreiben. Estar hingegen weist auf Zustände hin, die im Wandel, also von begrenzter Dauer sind. Auf diesem Grund sagt man estar embarazada und estar contento, aber ser alto oder ser inteligente.

–Está bien, ahí va. ¡Estoy embarazada[i]! –contesta llena de alegría Lucía.

–¡¿Qué?! ¡Enhorabuena! ¡Felicidades! –todos hablan a la vez y muy contentos por la pareja.

–Pero, ¿de cuántos meses estás? –pregunta Irene.

–Sólo de cuatro, pero el año que viene vamos a tener que alquilar una cabaña con cuna –bromea Lucía.

Jorge interrumpe la conversación. Ya es tarde y todos están cansados. Es mejor irse a la cama.

Ejercicio 1: Ser o estar. Unterstreichen Sie die richtige Verbform!

1. Formigal es / está una estación de esquí en los Pirineos.

2. Es / está siempre la misma cabaña.

3. Jaime y Sergio son / están hermanos.

4. Lucía dice que es / está embarazada.

5. Todos son / están muy felices.

–Sí, **tienes razón**. Mañana tenemos que levantarnos temprano para **aprovechar** el día –dice Jaime.

–Eso lo dices por ti, yo me voy a **aburrir** como siempre –contesta Sergio algo enfadado.

–¡Siempre estás igual! Venimos aquí desde hace diez años, ya has tenido tiempo de aprender a esquiar, ¿no crees? –responde Jaime, también enfadado.

tener *irr* razón	recht haben
aprovechar	(aus)nutzen
aburrir	langweilen
hacer *irr* compañía	Gesellschaft leisten
peligroso	gefährlich
afirmar	*hier*: bekräftigen

–Bueno, sin discutir. Además, Sergio, este año yo te **hago compañía**. Yo tampoco puedo esquiar, es **peligroso** para el bebé –**afirma** Lucía.

Sergio no dice nada. Sabe que Jaime tiene razón.

Después de esa pequeña discusión, todos se van a dormir. Pilar tiene problemas de **insomnio** y le **cuesta** mucho dormirse, sobre todo cuando sabe que tiene que despertarse temprano al día siguiente. **Harta de dar vueltas** en la cama, decide levantarse a beber agua. Son casi las dos de la mañana, pero parece que escucha **voces** en el salón. Al acercarse, ve a Sergio delante de la puerta, está hablando por teléfono. "¿Con quién puede hablar a estas horas?", se pregunta

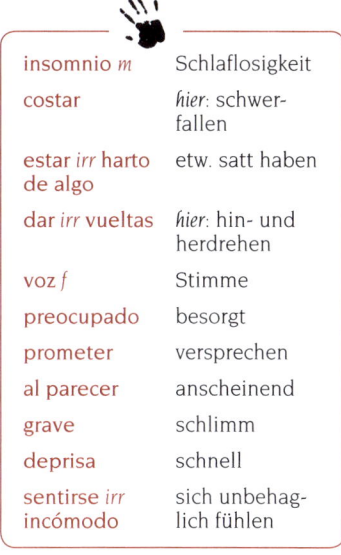

insomnio *m*	Schlaflosigkeit
costar	*hier*: schwerfallen
estar *irr* harto de algo	etw. satt haben
dar *irr* vueltas	*hier*: hin- und herdrehen
voz *f*	Stimme
preocupado	besorgt
prometer	versprechen
al parecer	anscheinend
grave	schlimm
deprisa	schnell
sentirse *irr* incómodo	sich unbehaglich fühlen

Pilar. Sergio parece **preocupado**. Ella no quiere escuchar, pero al entrar en la cocina escucha:

—Os voy a pagar, os lo **prometo**. Sólo necesito un poco de tiempo, por favor.

Al parecer, Sergio tiene problemas de dinero, eso no es nada nuevo, pero esta vez puede ser más **grave**. Ahora Pilar está preocupada. Bebe un vaso de agua y se vuelve a la cama **deprisa**, pues si Sergio la ve, puede **sentirse incómodo**. Es mejor hablar del tema por la mañana. Además, no quiere despertar a los demás. Prefiere pensar qué le va a decir y cómo. Sergio es muy sensible.

Ejercicio 2: Ordenar. Bringen Sie den Dialog in die richtige Reihenfolge!

☐ –¿Sergio Casado?

☐ –Me conoces y me debes mucho dinero. Mis amigos y yo nos estamos cansando de esperar.

☐ –Os voy a pagar, os lo prometo. Sólo necesito un poco de tiempo, por favor.

☐ –Sí, soy yo, ¿quién es usted?

1 –¿Diga?

A las ocho de la mañana los **despertadores** empiezan a **sonar**. Los amigos se levantan[i], se duchan, desayunan y se preparan para irse a las **pistas**. Todos están levantados menos uno: Sergio. **Tiene fama de** ser el **dormilón** del grupo, pero ya es un poco tarde, es mejor despertarlo.

–Juan, tú has dormido con Sergio, llámalo, por favor –le pide Irene a Juan.

–¿Llamarlo? Está en la ducha, se ha levantado antes que yo –contesta.

Levantarse, ducharse, prepararse, despertarse... gehören zur Gruppe der reflexiven Verben. Das Reflexivpronomen **se**, das das Verb begleitet, verweist immer auf das Subjekt des Satzes zurück und richtet sich in seiner Deklination ebenfalls nach diesem.
Das deklinierte Pronomen steht vor dem Verb:
(yo) **me** despierto, (tú) **te** despiertas, (él/ella/usted) **se** despierta, (nosotros/-as) **nos** despertamos, (vosortos/-as) **os** despertáis, (ellos/ellas/ustedes) **se** despiertan.

–En la ducha está Lucía, ¿es que no está en la habitación? –dice Jorge.

–No, no, qué va, ¿dónde puede estar? –pregunta intrigado Juan.

–Bueno, ya es mayorcito, seguro que viene enseguida. Mi hermano es así, ya lo conocéis –responde Jaime.

Sin saber dónde está Sergio, todos se van a esquiar. Lucía se queda en la cabaña. Ha quedado con Jorge en un par de horas para tomar un café.

A media mañana, Lucía y Jorge se ven en una de las cafeterías de la estación de esquí. Irene y Juan también necesitan un descanso y van con ellos. Se sientan y piden cuatro cafés con leche. Lucía les cuenta que Sergio no ha vuelto a la cabaña y que no sabe dónde está. Los amigos ya se empiezan a preocupar y

despertador *m*	Wecker
sonar	klingeln
pista *f*	Skipiste
tener *irr* fama de	in dem Ruf stehen zu
⚡ dormilón *m*	Schlafmütze
⚡ ¡Qué va!	Ach was!
intrigado	neugierig
⚡ ya ser mayorcito	schon ein großer Junge sein
enseguida	sofort
establecimiento *m*	Geschäft
ambulancia *f*	Krankenwagen

deciden ir a las pistas y a los establecimientos para buscar a su amigo. No puede estar muy lejos. Salen de la cafetería y entran en varias tiendas, en un restaurante, en dos bares… Nada. Sergio no está. En ese momento ven que hay mucha gente a pocos metros de ellos. Escuchan también la sirena de una ambulancia. Parece que ha pasado algo. Se acercan y preguntan a unos chicos.

11

–No sabemos muy bien, pero se han encontrado a un hombre **inconsciente** allí[i] en las pistas.

–¿Dónde exactamente? –pregunta Juan.

–Allí, al final de las pistas negras. Parece que **ha perdido** el control y **se ha caído**.

–¡Vamos! Tenemos que ir hasta allí –contesta Juan.

–¿Crees que es Sergio? –pregunta Irene.

–Espero que no, pero tenemos que **salir de dudas**.

Los cuatro amigos se acercan al lugar que les han mostrado los chicos. La Policía no les deja pasar y no pueden ver nada. Juan cree que desde la pista de al lado se puede ver todo. Jorge y él

inconsciente	bewusstlos
perder	verlieren
caerse *irr*	fallen, stürzen
salir *irr* de dudas	sich Gewissheit verschaffen
cuerpo *m*	Körper
tumbado	liegend
nieve *f*	Schnee
dejar	*hier:* (aus)leihen

cogen los esquíes y van para allá. Al llegar, ven un **cuerpo tumbado** encima de la **nieve**. Están un poco lejos y no pueden ver la cara del chico, pero la chaqueta…

–¡Esa chaqueta es mía! Se la **he dejado** a Sergio para estos días. ¡Dios mío, es él! –grita Juan.

–¿Estás seguro? –pregunta Jorge.

–Sí, la chaqueta es vieja y tiene un agujero en el codo izquierdo, ¿lo ves? No hay duda –contesta.

Juan y Jorge vuelven con las chicas y hablan con la Policía. ¿Cómo ha podido llegar hasta allí? Sergio no sabe esquiar. La Policía ha encontrado unos esquíes junto al cuerpo y está convencida de que ha sido un accidente, pero sus amigos saben que no. ¡Sergio no sabe ni ⓘ ponerse los esquíes!

Media hora después, la ambulancia se va y se lleva a Sergio al hospital de Huesca. Sergio sigue inconsciente y los médicos no saben cuándo va a despertar.

–¿Qué llevas ahí, Juan? –pregunta Irene.

–Me lo ha dado la Policía, son las cosas de Sergio –contesta.

Juan abre la bolsa y saca la chaqueta, la cartera y el móvil de Sergio. Tiene también los esquíes. No son suyos, eso seguro. ¿De dónde los ha sacado?

agujero *m*	Loch
codo *m*	Ellenbogen
duda *f*	Zweifel
estar *irr* convencido	überzeugt sein
llevarse	mitnehmen
cartera *f*	Brieftasche
sacar	hernehmen

–Déjalo ya, seguro que los ha alquilado y está aprendiendo –dice Lucía.

–¿Y su primera pista es una de las negras? ¡**Venga ya**! – contesta Juan.

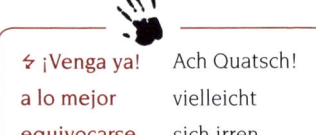

⚡ ¡Venga ya!	Ach Quatsch!
a lo mejor	vielleicht
equivocarse	sich irren

–En eso tiene razón Juan. No tiene sentido, pero **a lo mejor se ha equivocado**, la pista verde está justo al lado –responde Jorge.

–¡Espera! ¡Estos esquíes son de chica! Mirad el número y la forma –dice Juan.

–Pero ¿para qué los ha cogido? –pregunta Lucía.

–A lo mejor no los ha cogido él… Id vosotros a la cabaña, yo tengo que averiguar algo –dice Juan.

–¡Yo voy contigo! –contesta Irene.

2 Mensajes en el móvil

Irene y Juan se despiden de sus amigos y vuelven al principio de la pista. Irene todavía no sabe qué está pensando Juan. No habla, mira a todos lados, parece que está buscando algo.

—Bueno, ya está bien. Dime qué estamos buscando. A lo mejor así también te puedo ayudar yo —dice Irene un poco enfadada.

mensaje *m*	Nachricht
pista *f*	Spur, Hinweis
huella *f*	Spur, (Fuβ-)Abdruck

—Perdona Irene, es que no sé lo que estoy buscando. Tiene que haber algo. Sergio no sabe esquiar y ha aparecido inconsciente en una pista negra y con unos esquíes que no son de su número. No ha podido bajar esquiando, eso seguro. Estoy convencido de que hay alguna pista que aún no hemos encontrado.

—¿Tú crees? Pero, ¿cómo vamos a ver algo? Aquí sólo hay nieve y esta mañana ha nevado, así que ni huellas ni nada.

> Um über Niederschläge zu sprechen, benutzt man die Verben **llover** und **nevar**:
> *Está nevando.* – Es schneit.
> *Llueve.* – Es regnet.
> Temperatur- sowie allgemeine Wetterangaben werden fast immer mit **hacer** gemacht:
> *Hace frío.* – Es ist kalt.
> *Hace viento.* – Es ist windig.
> *Hay niebla.* – Es ist neblig.

15

Ejercicio 4: Corrección. Unterstreichen Sie die korrekte Variante!

1. En invierno / inverno hace mucho frío.

2. En el norte de España llueve muy / mucho .

3. En Berlín nieva / nieve cada año.

4. En Suecia, en febrero / febriero , está nevando mucho.

5. En Alemaña / Alemania el tiempo es variable.

—¡Claro! ¡Eso es! Tenemos que buscar debajo de la nieve. ¡Ayúdame!

Irene y Juan empiezan a buscar en el suelo y excavan un poco. Al principio no hay nada, pero después de un rato encuentran la pista que ha dicho Juan: una raqueta de nieve. Y esta sí es de Sergio. Probablemente ha ido andando hasta ahí y se ha caído, piensa Irene. Pero Juan tiene otra teoría:

—No se ha caído, lo han empujado. Sergio ha estado aquí con otra persona.

—¿Por qué? ¿Cómo lo sabes?

—Alguien ha puesto los esquíes al lado de Sergio. Vamos a bajar, a lo mejor hay alguna huella.

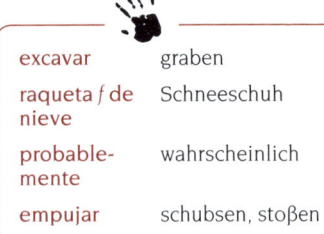

excavar	graben
raqueta *f* de nieve	Schneeschuh
probable-mente	wahrscheinlich
empujar	schubsen, stoßen

16

Los amigos bajan por la pista **despacio** y miran el suelo. Es difícil encontrar algo porque ha nevado, pero algunas marcas de esquíes aún se ven, con un poco de **suerte** pueden **descubrir** algo. Y así es. Cerca de donde han encontrado a Sergio, Irene ve algo parecido a una huella. Está medio **tapada** por la nieve, pero no del todo.

despacio	langsam
suerte *f*	Glück
descubrir *irr*	entdecken
tapado	bedeckt
despistar	irreführen
sorprenderse	überrascht sein
ladrón *m*	Dieb
asesino *m*	Mörder

–¿Lo ves? Sergio no se ha caído, ¡lo han empujado! Alguien ha estado aquí y ha puesto los esquíes para **despistarnos**. Lo ha tenido que hacer deprisa porque ha cogido unos esquíes de chica.

–Tenemos que hablar con los demás y con la Policía. ¡Vamos a la cabaña! –contesta Irene.

Al llegar a la cabaña, los amigos están muy preocupados. Jaime ha ido al hospital para estar con Sergio, pero aún no ha vuelto[i]. Los médicos todavía no han dicho nada. Cuando Juan e Irene les cuentan lo que han visto, todos **se sorprenden** mucho y no se lo creen. ¿Quién ha podido hacer algo así? ¿Y por qué? Jorge piensa que la teoría de

> **Volver** gehört wie **encontrar** und **poder** zu den Verben mit Stammvokalwechsel **o > ue** in jeder Person außer **nosotros** und **vosotros**. Jedoch bildet **volver** das Partizip Perfekt unregelmäßig: *he/has/ha/hemos/habéis/han* **vuelto.**

Juan es difícil, porque ellos están solos en Formigal. Sergio no conoce a nadie ahí. ¿Un **ladrón**? ¿Un **asesino**? Pero la

Policía les **ha devuelto** todas las cosas de Sergio y no falta nada. En ese momento, Pilar **se acuerda** de la llamada de teléfono.

–Yo no le **he dado importancia** hasta ahora, pero es un poco raro, ¿no creéis?

–Sí, sobre todo por la hora, dice Jorge.

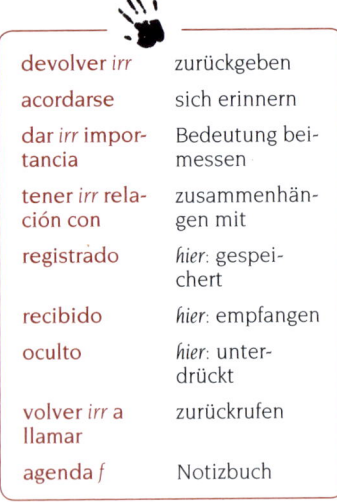

devolver *irr*	zurückgeben
acordarse	sich erinnern
dar *irr* **importancia**	Bedeutung beimessen
tener *irr* **relación con**	zusammenhängen mit
registrado	*hier:* gespeichert
recibido	*hier:* empfangen
oculto	*hier:* unterdrückt
volver *irr* **a llamar**	zurückrufen
agenda *f*	Notizbuch

–Sergio siempre tiene problemas de dinero, pero esta vez puede ser más grave, ¿creéis que **tiene relación con** el accidente? –pregunta Pilar.

–Puede que sí. Y tenemos el móvil de Sergio, la llamada tiene que estar **registrada**. Vamos a ver.

Sacan el móvil de la bolsa. Miran entre las llamadas **recibidas** y ahí está, justo a la hora que ha dicho Pilar. Pero el número está **oculto**, por eso no pueden verlo y no pueden **volver a llamar**.

–¿Y ahora qué hacemos? –pregunta Lucía.

–¿No hay nada más? Mira en la **agenda** o en los mensajes –dice Irene.

–En la agenda no hay nada raro y en los mensajes… A ver… ¡Sí! ¡Mirad! Este es de anoche, media hora después de la llamada oculta. Tiene que ser la misma persona.

Jorge lee el mensaje a sus amigos:

"Rcuerda lo q hms hbldo. Qerems la mtad dl dnero mñn. Ns vms a ls7.30 n la psta18. Vn solo". ⓘ

–Uff, ¡qué difícil! Casi no escribe vocales –dice Jorge–. Lo voy a leer bien.

"Recuerda lo que hemos hablado. Queremos la mitad del dinero mañana. Nos vemos a las 7.30 en la pista 18. Ven solo".

> Manche spanische Kurznachrichten erwecken den Eindruck, in einer fremden Sprache verfasst zu sein. Einige Abkürzungen sind schlichtweg unleserlich, andere dagegen sind sehr üblich: **x** - por, **xq** - porque, **q** - que, **finde** - fin de semana, **bss** - besos; **sms** - mensaje, **tb** - también, **btt** - bastante.

Ahora sí se entiende el mensaje, y la pista 18 es donde han encontrado a Sergio. Todo empieza a encajar. Juan se pregunta por el dinero. Según la llamada y el mensaje, parece que es mucho, y Sergio les ha dicho por teléfono que no lo

encajar	miteinander verbinden
según	laut, … zufolge
cajón *m*	Schublade
guardar	aufbewahren
robar	(be)klauen
en cambio	dagegen
defender	verteidigen

tiene. Entonces, ¿de dónde lo ha sacado?
–De aquí –dice Pilar.
–¿Cómo? –preguntan todos.
–Del cajón de la mesa. Aquí es donde hemos guardado el dinero para pagar la cabaña y ya no está.
Todos se sorprenden. Sergio es un buen amigo, ¿cómo ha podido robarles? Y robarles a ellos, que son sus amigos de toda la vida. Irene, en cambio, lo defiende.

–Seguro que tiene una **explicación** –dice. –Además, lo **han amenazado** por teléfono. Es una buena **excusa**.

–Irene tiene razón. No podemos enfadarnos antes de hablar con él. Ahora lo único importante es él –dice Lucía.

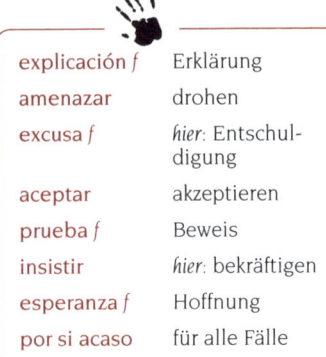

explicación *f*	Erklärung
amenazar	drohen
excusa *f*	*hier*: Entschuldigung
aceptar	akzeptieren
prueba *f*	Beweis
insistir	*hier*: bekräftigen
esperanza *f*	Hoffnung
por si acaso	für alle Fälle

Después de un rato sin saber qué hacer, deciden llamar a Jaime para preguntar cómo está Sergio. Hace ya varias horas que está en el hospital y aún no saben nada. Sin embargo, Jaime tampoco sabe nada. Sergio sigue igual. **ⓘ** No saben cuándo va a despertar.

Jaime les dice que sólo **aceptan** visitas de familiares, así que por eso sólo puede estar él allí. Los amigos tienen que esperar en la cabaña, pero Jaime ha prometido llamar pronto.

–¿Creéis que es buena idea no decirle nada a Jaime? –pregunta Jorge.

–¿Qué le vamos a decir? De momento sólo son ideas, no tenemos **pruebas** –dice Pilar.

> Im Spanischen wie auch im Deutschen bestehen feine Unterschiede, um auszudrücken, dass etwas **dasselbe** bzw. **das gleiche** ist:
> *Sergio sigue igual.* - Sergios Gesundheitszustand bleibt gleich (unverändert).
> *Todos dicen lo mismo.* - Alle sagen dasselbe.
> *Su respuesta es la misma de siempre.* - Seine Antwort ist wie immer dieselbe.
> *Me da igual. / Me da lo mismo.* - Es ist mir egal/gleich.
> *Irene tiene los mismos esquíes que Pilar.* - Irene hat die gleichen Skier wie Pilar.

1. añomant _____ *montaña* _____
2. esruqai _____
3. mogais _____
4. acbaañ _____
5. dllamaa _____

–Sí, eso es verdad, pero a lo mejor él sabe quién puede haber llamado –insiste Jorge.

–Podemos hacer una cosa –dice Irene–. Tenemos unos esquíes que no son de Sergio. Podemos preguntar en las tiendas quién ha alquilado o comprado esos esquíes.

–Sí, ¡buena idea! ¡Vamos! –contesta Jorge.

Todos salen de la cabaña con la idea de encontrar alguna otra prueba. Van en grupo y llevan los esquíes. Preguntan en cada tienda, pero todos los vendedores les dicen lo mismo: "Lo siento, esos esquíes no son nuestros". Después de varias horas, los chicos ya han perdido toda esperanza. Entran en una última tienda sólo por si acaso y preguntan al vendedor. Su primera respuesta es la misma de siempre, pero después piensa un poco y les dice:

–¡Esperad! A lo mejor no es nada importante, pero… Esta mañana ha venido una chica a alquilar unos esquíes. Me ha dicho que alguien le ha robado los suyos. Y ha tenido que ser hoy, porque ha sido durante el desayuno, sobre las 7.30 o las 8 de la mañana.

–Sí que es importante, sí. ¡Muchas gracias! –contesta Juan.

tener *irr* **algo claro**	etw. klar vor Augen haben
bolsillo *m*	Tasche

Esa chica ha perdido sus esquíes entre las 7 y las 8 de la mañana, y Sergio y la otra persona han quedado en la pista a las 7.30. Seguro que la chica ha desayunado cerca de la pista y la persona del teléfono ha robado los primeros esquíes que ha visto. Juan **lo tiene** muy **claro**. Cree también que la persona del teléfono es un hombre, porque Sergio es fuerte. Seguro que han discutido por el dinero y el hombre ha empujado a Sergio.

–¡Eso es! –dice de pronto Lucía–. ¡El dinero!

–¿Qué quieres decir? –pregunta Jorge.

–Pues eso, el dinero. Nosotros tenemos las cosas de Sergio, a lo mejor el dinero está en la chaqueta.

Los chicos buscan en los **bolsillos** de la chaqueta, pero no encuentran nada. Mientras, las chicas vuelven a ⓘ mirar el móvil.

> Eine **Verbalperiphrase** im Spanischen dient dazu, einzelne Handlungsabläufe zu veranschaulichen. Gebildet wird sie mit einem **Hilfsverb + Partikel + Verb im Infinitiv**. **volver a** - etw. noch einmal tun: *Vuelven a mirarlo.* - Sie sehen es sich noch einmal an.

–Eh, mirad aquí. Otro mensaje con número oculto. Este no lo hemos leído, es de las 7.25 de la mañana –dice Pilar.

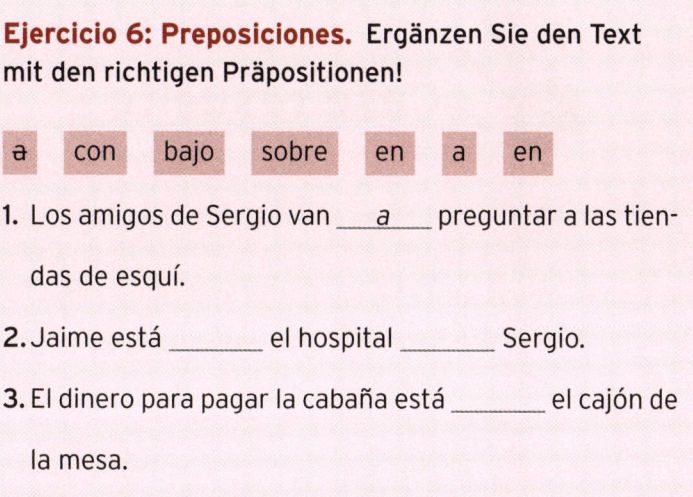

Ejercicio 6: Preposiciones. Ergänzen Sie den Text mit den richtigen Präpositionen!

| a | con | bajo | sobre | en | a | en |

1. Los amigos de Sergio van ____*a*____ preguntar a las tiendas de esquí.

2. Jaime está _____ el hospital _____ Sergio.

3. El dinero para pagar la cabaña está _____ el cajón de la mesa.

4. Juan e Irene encuentran una raqueta de esquí _____ de la nieve.

5. Juan y Jorge ven _____ Sergio _____ la nieve.

"Dja l dnero dnd stas y vte. Cierr ls ojs y sgue ndndo".

Pilar tiene que leer el mensaje dos veces para entenderlo.

"Deja el dinero donde estás y vete. Cierra los ojos y sigue andando".

Ahora sí tienen que llamar a Jaime. El dinero lo puede tener todavía Sergio, el hombre del teléfono o a lo mejor aún está en la pista 18.

Caso resuelto

Los chicos vuelven a llamar a Jaime y hablan con él. Le cuentan lo de las raquetas de nieve, los esquíes de chica, el robo, los mensajes, el dinero. Jaime no se lo puede creer, ¿todo eso es verdad?

–Jaime, es importante. Mira bien. ¿Tiene Sergio el dinero?

–A ver, esperad… Creo que no.

–¿Seguro? Mmm, vaya… No sé cómo vamos a pagar la cabaña… Da igual, ¿cómo está Sergio?

–Los médicos no dicen nada, pero creen que no es un coma profundo y que se va a despertar pronto.

–¡Menos mal!

Después de colgar, todos se miran sin hablar. Nadie sabe qué[i] decir. Sergio parece que está mejor, es una alegría, pero aún sigue inconsciente. No saben lo que ha pasado ni por qué. Y ahora sin dinero no pueden pagar la cabaña, ¿qué le van a decir al dueño?

> Der Akzent unterscheidet, ob eine Frage gestellt oder eine Aussage getroffen wird.
> *No sé qué decir.* - Ich weiß nicht, *was* ich sagen soll.
> *Sé que no quiere decir nada.* - Ich weiß, *dass* er nichts sagen will.
> Genauso funktioniert es auch bei den Fragewörtern (**cómo, dónde, cuándo, cuánto, quién**) bzw. Lokal- und Modaladverbien (**como, donde, cuando, cuanto, quien**).

–Tenemos que hablar con la Policía –dice de pronto Jorge.

–¿Y qué les vamos a decir?

24

–Pues lo que sabemos, que creemos que no ha sido un accidente, que alguien ha amena-
zado a Sergio, que nos han
robado…

–Sí, tienes razón. La Policía
necesita esa información –
contesta Juan. –Pero antes
voy a llamar a Jaime otra vez.
Seguro que la Policía quiere
hablar con él. Tenemos que
decirle que la hemos llamado nosotros.

coma *m*	Koma
profundo	tief
¡Menos mal!	Gott sei Dank!
colgar *irr*	auflegen (Telefon)
dueño *m*	Besitzer
estar *irr* en peligro	in Lebensge-fahr sein

Juan llama otra vez por teléfono, pero Jaime no contesta,
así que Lucía decide enviarle un mensaje. Después de eso,
salen de la cabaña. No quieren perder más tiempo. Tienen
que hablar con la Policía y averiguar qué ha pasado. Sergio
puede estar en peligro todavía.

Ejercicio 7: Acentos. Setzen Sie die Akzente auf die
Wörter, die sie benötigen!

1. ¡Qué calor!

2. Todos los dias como a las dos de la tarde.

3. ¿Quien es esa chica?

4. Cuando llama mi hermano, mi madre siempre le pregunta, ¿cuando vienes?

5. Siempre que te veo estas hablando por telefono.

A mitad de camino, Lucía recibe un mensaje. Lo lee, pero no lo entiende.

–¡Siempre igual! ¿Por qué no puede escribir bien? ¡Nunca entiendo lo que escribe!

–A ver, déjame –dice Irene.

```
"Plcia? Xa q? Mjor no.
He ncntrdo l dnero.Tdo
sn imgnacions vuestrs"
```

–Sólo tienes que **imaginarte** las vocales, mira:

```
"¿Policía ? ¿Para qué?
Mejor no. He encontrado
el dinero. Todo son ima-
ginaciones vuestras".
```

–Ha encontrado el dinero, ¡genial! Por lo menos podemos pagar la cabaña.

–**Repite** otra vez lo que has dicho sobre las vocales –dice de repente Juan.

In Spanien gibt es zwei Gruppen von Polizisten: die **Policía (Local/Nacional)** und die **Guardia Civil**. Die Policía Local, auch Municipal genannt, ist abhängig von den örtlichen Behörden einzelner Gemeinden und zuständig für die Ordnung vor Ort (Verkehr, Nachbarn, Lärm usw.). Die Policía Nacional ist eine Abordnung des Innenministeriums und kommt im ganzen Land zum Einsatz (alle Arten von Straftaten, Verkehr auf den Nationalstraßen usw.). Die Guardia Civil sorgt dagegen für zivile Ordnung (Grenzschutz, Küstenwache, Drogenbekämpfung usw.) und übt darüber hinaus auch militärische Funktionen aus, da sie sowohl dem Innen- als auch dem Verteidigungsministerium untersteht.

–¿Cómo? Pues eso, que no es tan difícil entender los mensajes, sólo tienes que imaginarte las vocales.

–Enséñame el mensaje, deprisa.

Juan está muy nervioso. Lee el mensaje varias veces y habla solo:

–No puede ser… No tiene sentido… Pero, ¿por qué?

–¿Qué pasa? ¿En qué estás pensando? –le preguntan entre todos.

–¿Es que no lo veis? ¡Es Jaime!

imaginarse	sich vorstellen
imaginación f	*hier*: Einbildung
repetir *irr*	wiederholen
dejar solo	allein lassen
hacer *irr* daño a alguien	jmd. etw. antun
proteger	schützen
capaz de	fähig zu
matar	töten

–¿¿¿Cómo???

–Jaime ha mandado todos los mensajes, ¿no veis que están escritos igual? Ha tenido que ser él: la llamada, la amenaza, el accidente… Por eso no quiere llamar a la Policía.

–Pero, ¿por qué? Sergio es su hermano. Tiene que ser un error –Pilar todavía no se lo puede creer. Seguro que hay algo que aún no saben.

–No lo sé, yo tampoco lo entiendo. Pero no podemos **dejar** a Sergio **solo** con él. Tenemos que ir al hospital.

–¿Crees que puede **hacerle daño**?

–Ya lo ha intentado una vez, ¿por qué no dos?

Los chicos cambian de dirección y van hacia el hospital. Pueden llamar a la Policía después, ahora es más im-

> Bei direkten Objekten im Akkusativ steht immer die Präposition *a* vor Personen. Man sagt *ver la tele* (fernsehen), aber *ver a mi hermano* (meinen Bruder sehen). Außerdem heißt es *visitar un museo* (ein Museum besuchen), jedoch *visitar a unos amigos* (Freunde besuchen), *conocer ciudades interesantes* (interessante Städte kennenlernen), doch *conocer a los padres de mi novio* (die Eltern meines Freundes kennenlernen).

portante **proteger** a Sergio. ¿De verdad es Jaime **capaz de matar** a su hermano?

Al llegar al hospital, los chicos buscan rápidamente la habitación de su amigo. Es difícil porque sólo se aceptan las visitas de familiares, así que Pilar le dice a una **enfermera** que es la hermana de Sergio. Mientras, los demás se esconden detrás de los **ascensores**. La enfermera le dice a Pilar que Sergio aún está **en observación** y que necesita tranquilidad.

enfermera *f*	Kranken-schwester
ascensor *m*	Aufzug
en observa-ción	unter Beobach-tung
pasillo *m*	Gang, Flur
todo recto	geradeaus
escalera *f*	Treppe
planta *f*	Etage
venda *f*	Binde

–Está en la habitación 218 –dice la enfermera–, tiene que seguir este **pasillo todo recto** y subir las **escaleras**. La habitación está en la segunda **planta**.
–¡Muchas gracias!

Pilar va a buscar a los demás y entre todos buscan la habitación. Al llegar ven a Sergio tumbado en la cama y con una **venda** en la cabeza. Y a la derecha está Jaime, sentado en un sillón y mirando a su hermano.
–¿Qué hacéis aquí? Os he dicho que no aceptan visitas.
–Dinos que no has sido tú –contesta Lucía directamente.
–¿Yo? ¿El qué?
–¿Has empujado a Sergio por la pista?
–¿Qué? ¡Claro que no! ¿Pero qué decís?
–Hemos visto tu mensaje y también los que ha recibido Sergio. Has sido tú, ¿verdad? ¿Por qué?

Jaime se queda en silencio durante un par de segundos y por fin responde.

—Yo no lo he empujado, pero sí que tengo parte de **culpa** por su accidente.

Jaime no es capaz de mirar a sus amigos al hablar. Mira el suelo, a su hermano, mira por la ventana y se pasea por la habitación mientras les cuenta lo que ha pasado.

—Sergio tiene un problema con el juego[i]. Le cuesta llegar a fin de mes, no tiene **ahorros**, siempre es igual. Eso lo

> **Juego** bezieht sich auf das Spiel allgemein. Ist ein sportliches Spiel (z. B. Fußball) gemeint, sagt man **partido**. Ähnlich klingt die **partida**, die dagegen das Karten- oder Brettspiel bezeichnet.

sabéis. Todo es por el juego y las **apuestas**. Y cada vez que pierde, me pide ayuda. Pero ya es demasiado. Tenemos una empresa en común y está en **bancarrota**. Me pide dinero a mí y cuando no se lo doy, lo saca de la empresa. Lo vamos a perder todo: el negocio, el dinero… ¡Tenemos nuestras casas **hipotecadas**!

culpa *f*	Schuld
ahorros *m pl*	Ersparnisse
apuesta *f*	Wette
bancarrota *f*	Bankrott
hipotecado	mit einer Hypothek belastet
deuda *f*	Schulden

—Pero, ¿por qué nunca has dicho nada?

—Es mi hermano y lo quiero ayudar. Sé que no lo he hecho bien, pero no puedo pagar todas sus **deudas**. Ya no puedo más.

—Pero, ¿qué ha pasado? Dices que no lo has empujado, ¿entonces?

Ejercicio 8: Completar. Schreiben Sie die Nachrichten!

1. Hla, q tl? Qdams mñn xa ir al cne?

   Hola, ¿qué tal? ¿Quedamos mañana para ir al cine?

2. Hla! No stoy n Mdrid, stoy cn 1s amgs squiando. Vuelvo

   l marts.

   _____

   _____

3. Ah, q bien! Y q plnes tiens xa l finde q viene? S mi cm-

   pleañs y voy a dar 1a fiesta!

   _____

   _____

4. Gnial! Ns vms n tu fiesta! Salu2 dsd Frmigal. Bss

   _____

5. Muchs bss! Psalo bien!

   _____

–He querido **darle un susto**. Lo he probado todo y no ha
funcionado nada, he creído que de esa forma… Nunca he
pensando en quedarme el dinero…

—Así que la llamada de anoche, la amenaza, los mensajes… ¿todo lo has hecho tú?

—Sí, ¡pero sólo para asustarlo! En el mensaje de esta mañana le he escrito: "Cierra los ojos y sigue andando". Y cuando lo ha hecho, ha tropezado y se ha caído. Aún no me lo creo, ¡cómo he podido hacerlo!

—¿Por qué no has dicho nada antes?

—No lo sé, estoy nervioso, no puedo pensar, supongo que me siento culpable y me ha dado vergüenza decíroslo todo.

Jaime sigue hablando y les cuenta a sus amigos todos los problemas de Sergio. Esta vez, la amenaza no ha sido real, pero no es la primera vez que sucede. Por eso Jaime ha decidido trabajar solo. Una empresa pequeña sin deudas, ni hipotecas.

—¿Me vas a dejar solo, hermanito? Juntos trabajamos mucho mejor. Te vas a aburrir sin mí.

dar *irr* un susto a alguien	jmd. einen Schreck einjagen
tropezar	stolpern
suponer *irr*	vermuten
culpable	schuldig
suceder	geschehen
abrazar	umarmen

La voz viene de la cama. Todos giran la cabeza rápidamente y ven a Sergio con los ojos abiertos y hablando.

—¡Sergio! ¡Qué alegría! ¡Te has despertado! –todos se acercan a él y quieren abrazarlo.

—¿Cómo estás? ¿Estás bien? ¿Te acuerdas de lo que ha pasado?

—Sí, sí, tranquilos. Sólo me duele un poco la cabeza. ¿Veis que no es buena idea aprender a esquiar? –bromea.

–¡Lo siento!! ¡Ha sido todo por mi culpa! –dice Jaime.

–No, me he tropezado yo solo. ¡Vaya **broma me has gastado**!

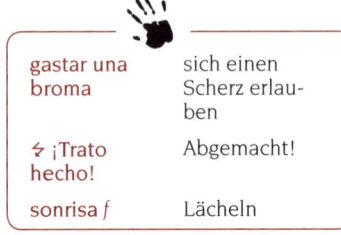

gastar una broma	sich einen Scherz erlauben
⚡ **¡Trato hecho!**	Abgemacht!
sonrisa *f*	Lächeln

–Lo siento, de verdad.

–No, lo siento yo. No puedo pedirte más dinero. Tenemos un negocio y tenemos que trabajar juntos.

–Está bien, vamos a intentarlo. Pero el dinero lo controlo yo –dice Jaime muy serio.

–Vale. **Trato hecho** –contesta su hermano con una **sonrisa**.

Ejercicio 9: Ordenar. Bilden Sie sinnvolle Sätze!

1. trabajar · Jaime · solo · quiere

   Jaime quiere trabajar solo.

2. se · Sergio · despierta

   _____

3. la · duele · a · Sergio · cabeza · le

   _____

4. juntos · hermanos · trabajar · los · a · van

   _____

Una siesta fatal

María Montes Vicente

1 El hombre misterioso

Hace un día maravilloso para ir a la playa. Sol, calor, más de 35 grados, incluso demasiado calor para no estar ya en la playa. El inspector Cuevas tiene muchas ganas de irse unos días de vacaciones, igual que sus compañeros. Algunos ya se han ido, su mujer y sus hijos se van mañana, pero él no. Él tiene que trabajar. Tiene que resolver un caso en el que trabaja desde hace un par de meses. No le deja dormir, hace días que no pega ojo. Un asunto de dinero y drogas que dura ya demasiado tiempo. Alguien ha empezado una red de corrupción en la ciudad y últimamente ha habido muchos robos y denuncias. Granada es una ciudad tranquila, pequeña. No es normal lo que está sucediendo, por eso el inspector quiere resolver el caso cuanto antes. La universidad ha cerrado, los estudiantes se

incluso	sogar
tener *irr* ganas de	Lust auf etw. haben
vacaciones *f pl*	Urlaub
resolver *irr*	lösen
caso *m*	Fall
⚡ no pegar ojo	kein Auge zutun
asunto *m*	*hier*: Sache
red *f* de corrupción	Netz(werk) der Korruption
robo *m*	Raub
denuncia *f*	Anzeige
suceder	geschehen
cuanto antes	so schnell wie möglich

han ido, la mayoría de los **granadinos** está de vacaciones. Es el momento perfecto para **descubrir** al **culpable**.

Son las dos de la tarde. Cuevas **ha intentado** contactar con varias **fuentes** y hacer algunas llamadas, pero en agosto Granada está vacía. Está cansado de no **conseguir** nada. Decide ir a casa a comer y a descansar, pues su mujer y los niños se van mañana a pasar el mes a Almuñécar, un pueblo de la costa granadina. Lo bueno de Granada es que está muy cerca del

> **Almuñécar** ist ein Dorf in der Provinz Granada. Ortsbezeichnungen und Wörter, die im Spanischen mit „Al" (dt. „der") anfangen, sind arabischen Ursprungs und noch sehr präsent im täglichen Sprachgebrauch: **Aldeire, Alicante, Almería, alfombra** (Teppich), **alcachofa** (Artischocke), **almacén** (Lager).

granadino *m*	Einwohner von Granada
descubrir *irr*	*hier*: entlarven
culpable *m/f*	Schuldige/r
intentar	versuchen
fuente *f*	Quelle
conseguir *irr*	schaffen
esquiar	Ski laufen
según	je nach
implicado	verwickelt
de repente	plötzlich

mar y de la montaña. A una hora de distancia se puede **esquiar** o nadar, **según** la época del año. El inspector puede visitar a su familia todas las semanas, pero de momento sólo piensa en el caso Espejo. Se llama así porque es el nombre de uno de los pubs **implicados**.

–¡Hola, Pilar!

–¡Ricardo! ¿Vienes a comer? ¿Por qué no me has llamado?

–No lo he pensado, la verdad es que lo he decidido **de repente**. ¿Hay comida para mí?

Ejercicio 1: Palabra escondida. Übersetzen Sie und enträtseln Sie das Lösungswort!

1. Abendessen   C E N A

2. Stuhl   ☐ _ _ _ _

3. Kartoffel   ☐ _ _ _ _ _

4. nahe   _ ☐ _ _ _

5. Auge   _ ☐ _

6. Hitze   _ _ _ ☐ _

Lösung: ☐ ☐ ☐ ☐ ☐ ☐

—Sí, hombre, claro. Los niños y yo no comemos mucho, ya lo sabes. Hay tortilla de sobra.
—Tortilla de patatas ⓘ, ¡qué bien!

> In Spanien spricht man von **tortilla de patatas,** wenn man das landestypische Gericht aus Kartoffeln, Ei und Zwiebeln meint. **Tortilla** allein wird eher mit einem Omelett assoziiert, das auch als **tortilla francesa** (französisches Omelett) bezeichnet wird.

—¡Qué bien he comido! Todo riquísimo, Pilar.
—No son ni las tres, dime que no te vuelves a la oficina todavía —dice Pilar.
—No, qué va. Estoy muy cansado y con este calor… Me voy a sentar en el sillón a echar la siesta un rato. Una cabezadita me va a venir muy bien. Así que, niños, tenéis que hablar bajito, ¿vale?

–¡Vale, papá! Nosotros vamos a ver una película en la habitación.

–¡Ah, pues mucho mejor! Así vuestro padre y yo podemos descansar.

RING RING, RING RING…

–¿El teléfono? ¿Ahora? ¿Quién puede ser? A las tres y media no se llama por teléfono, ¡eso lo sabe todo el mundo!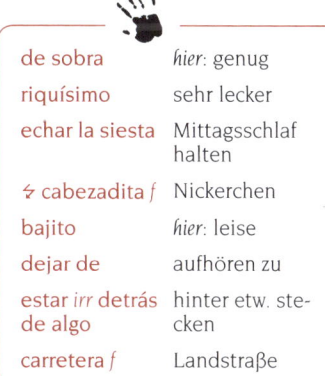

RING RING, RING RING…

–Bueno, Ricardo, **deja de** hablar y contesta, de todas formas ya te han despertado –le dice Pilar.

–¿Diga? –pregunta el inspector cuando coge el teléfono.

In Spanien ist es üblich, gegen 14 Uhr Mittag zu essen und danach einen kleinen Mittagsschlaf zu halten. In der Ruhezeit von 15 bis 17 Uhr sind Telefonate deshalb unerwünscht.

de sobra	*hier*: genug
riquísimo	sehr lecker
echar la siesta	Mittagsschlaf halten
⚡ cabezadita *f*	Nickerchen
bajito	*hier*: leise
dejar de	aufhören zu
estar *irr* detrás de algo	hinter etw. stecken
carretera *f*	Landstraße

–¿Es usted el inspector Cuevas? –contesta un hombre.

–Sí, soy yo. ¿Con quién hablo?

–Tengo información sobre el caso Espejo, sé quién **está detrás de** todo.

–¿Cómo? ¿Pero qué dice? ¿Quién es usted?

–No puedo hablar, por teléfono no es seguro. Venga a la **carretera** de Alfacar, kilómetro 6. Le espero allí en una hora. Venga solo.

–Espere, no, pero dígame… **Ha colgado** –dice el inspector.

–¿Quién ha llamado? –pregunta Pilar.

–No lo sé, un hombre. Dice que tiene información sobre el caso que estoy **investigando**.

–¿No te ha dicho su nombre?

–No, por teléfono no puede hablar, me ha dicho. Tengo que ir a la carretera de Alfacar.

–Pero, ¿vas a ir solo? Puede ser **peligroso**, llama a algún compañero.

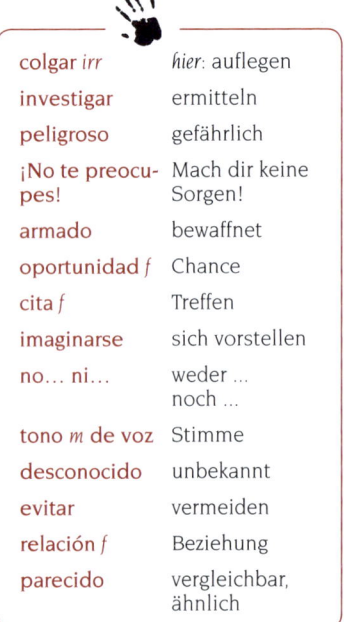

colgar *irr*	*hier*: auflegen
investigar	ermitteln
peligroso	gefährlich
¡No te preocupes!	Mach dir keine Sorgen!
armado	bewaffnet
oportunidad *f*	Chance
cita *f*	Treffen
imaginarse	sich vorstellen
no… ni…	weder … noch …
tono *m* de voz	Stimme
desconocido	unbekannt
evitar	vermeiden
relación *f*	Beziehung
parecido	vergleichbar, ähnlich

–Están todos fuera. **No te preocupes**, voy **armado**. Necesito resolver el caso y ésta puede ser una **oportunidad**. Sólo voy a hablar con él, vuelvo en un par de horas, tranquila.

–Llámame pronto, que ya estoy nerviosa.

–Sí, no te preocupes. No es la primera vez que hago esto. Venga, un beso. Nos vemos luego.

Cuevas sale a la calle y coge su coche. No quiere llegar tarde a su **cita** con el hombre misterioso. De camino al lugar **se imagina** cómo puede ser el informante. **No** sabe su nombre **ni** su edad, pero por el **tono de voz** piensa que puede tener unos 50 años. Es una voz **desconocida**, eso

Ejercicio 2: Formas del verbo. Ergänzen Sie die richtige Verbform im Präsens!

1. El inspector Cuevas vivir ___*vive*___ en Granada con su

familia.

2. Cuevas querer _____ dormir la siesta y les

dice a sus hijos: " Tener _____ que hablar ba-

jito".

3. Un hombre llamar _____ por teléfono y pre-

gunta: "¿ Ser _____ usted el inspector Cue-

vas?".

4. Pilar, preocupada, le preguntar _____ a su ma-

rido: "¿ Ir _____ a ir solo?"

5. Cuevas la tranquiliza y le dice: "No es la primera vez

que hacer _____ esto. Volver _____

en un par de horas."

seguro. No conoce a ese hombre ni ha hablado con él nunca. ¿De qué puede conocer él al inspector? Cuevas no puede evitar pensar en todas las personas que tienen relación con el caso, pero no encuentra ningún parecido. Para él, el hombre del teléfono es moreno, fuerte y no muy alto. ¿Ha acertado? Aún faltan un par de kilómetros para averiguarlo.

Carretera de Alfacar, kilómetro 6. ¡Aquí es! El informante ha elegido la hora de la cita muy bien porque no hay[i] un solo coche en la carretera. Al lado del camino hay una explanada de tierra y al fondo parece que hay un coche parado. Tiene que ser él. El inspector se baja del coche y se dirige hacia allí. También alguien se baja del otro coche y camina unos pasos. La imaginación de Cuevas no ha acertado esta vez. El hombre que se acerca parece mayor. Tiene el pelo blanco y gafas y para andar se ayuda de un bastón. El inspector no se fía de él, pero tampoco ve peligro. De todas formas lleva la pistola con él y se siente más seguro. Se sigue acercando hasta estar a unos quince pasos de distancia.

> **Hay** (es gibt) wird verwendet, wenn das Subjekt nicht näher bestimmt ist. Es folgt der unbestimmte Artikel (**un/o, una**) oder eine Mengenangabe (**mucho, poco, alguno, más de**): *¿**Hay un** bar por aquí? –Sí, claro. **Hay uno** al lado de la panadería, pero **hay muchos** en el centro.* Mit **estar** + bestimmter Artikel wird hingegen ein bestimmter Ort erfragt bzw. eine genaue Ortsangabe gemacht: *¿Dónde **está el** bar El gordo? – **Está** en la Calle de los Ríos.*

acertar	erraten, ins Schwarze treffen
averiguar	herausfinden
elegir *irr*	wählen
explanada *f*	freier Platz
al fondo	im Hintergrund
parado	abgestellt
dirigirse hacia	sich begeben nach
acercarse	sich nähern
bastón *m*	Gehstock
fiarse de	vertrauen (auf)
de todas formas	jedenfalls
sentirse *irr*	sich fühlen

Ejercicio 3: Verdadero o falso. Welche Aussagen
sind korrekt? Kreuzen Sie an!

1. Cuevas va a la cita con un compañero de la oficina. ☐

2. El inspector es el primero en llegar al punto

   de encuentro. ☐

3. El hombre misterioso tiene una pistola. ☐

4. El informante es joven y tiene el pelo negro. ☐

5. El inspector lleva pistola. ☐

6. El informante necesita un bastón para andar. ☐

De pronto, el informante se para y mete la mano dentro de
su chaqueta. Cuevas no tiene tiempo de reaccionar cuando
ve que el hombre saca una pistola y lo apunta con ella. El
inspector se tira al suelo y
saca la suya también. De repente escucha un disparo,
pero no ha salido de la pistola del informante, sino del
otro lado. Cuevas gira la cabeza y dispara. Otro hombre
a lo lejos se da la vuelta y
corre. El informante cae al

sacar	ziehen
apuntar	zielen
tirarse	sich hinwerfen
disparo *m*	Schuss
disparar	schießen
darse *irr* la vuelta	sich umdrehen
caer	fallen

suelo **mientras** el **asesino se escapa**. Cuevas no puede hacer nada por **detenerlo**, pero **se fija en** él. Él sí es un hombre de unos 50 años[i], moreno y no muy alto. Cuevas no puede ver su cara, pero tiene una información casi tan buena como ésa: el hombre sólo tiene tres dedos en la mano izquierda.

Eine ungefähre Jahres- oder Mengenangabe wird im Spanische mit **unos/unas** gemacht: *Tiene unos 50 años.* - Er ist etwa/um die 50 Jahre alt. Alternativ verwendet man **alrededor de, más o menos, cerca de** oder **aproximadamente**.

Cuevas aún está **asustado**.

¿Qué ha pasado? ¿De dónde ha salido el otro hombre? En la carretera no hay más coches, pero el asesino ha conseguido escapar. Seguro que no ha venido solo, y que ha tenido ayuda. Ha disparado contra el hombre del bastón y… ¡El informante! El inspector se levanta deprisa y corre hacia el hombre **herido**. El disparo le **ha dado en** el **pecho**, parece que no **respira**. ¡Está muerto! No, espera, mueve los labios.

mientras	während
asesino *m*	Mörder
escaparse	fliehen, entwischen
detener *irr*	festnehmen
fijarse en	achten auf
asustado	erschrocken
herido	verletzt
dar *irr* **en**	treffen auf/in
pecho *m*	Brust
respirar	atmen
pesadilla *f*	Albtraum

Aún está vivo y quiere decir algo.

–Me han seguido, no sé cómo –dice el hombre.

–¿Quién es usted? ¿Por qué ha querido verme?

–Están en todas partes. Es una **pesadilla**.

La investigación

Después de esas pocas palabras, el informante deja de hablar y muere. Cuevas no entiende nada, aún se pregunta quién es ese hombre, quién es el hombre que ha disparado, por qué lo ha hecho y por qué lo ha llamado el informante. El hombre ha muerto antes de poder responder a la pregunta del inspector. Está claro que tiene que llamar a la comisaría, hay una **víctima** y un asesino **suelto**. Seguro

víctima *m/f*	Opfer
suelto	*hier*: auf freiem Fuß
retrasar	verzögern, aufschieben
marcar	*hier*: wählen
asesinato *m*	Mord
darse *irr* prisa	sich beeilen
significativa	charakteristisch, unverkennbar

que tiene que dar algunas explicaciones, sobre todo por qué ha ido solo a la cita, pero no puede **retrasarlo** más. El inspector coge el teléfono y **marca** el número de la oficina.

–¿Santos? Soy yo, Cuevas. Necesito un equipo urgentemente, ha habido un **asesinato**. Estoy en la carretera de Alfacar, kilómetro 6. ¡**Date prisa**!

Mientras espera a sus compañeros, Cuevas intenta recordar al asesino. No ha podido verle la cara, pero su mano izquierda es muy **significativa**. Sus características físicas, sin embargo, son bastante normales: moreno, de mediana edad y más o menos un metro setenta de estatura. El inspector no ha podido fijarse en más detalles. Todo ha sido muy rápido. Incluso ha escapado muy rápido. Sin duda ha tenido ayuda, ha tenido que huir en coche.

estatura *f*	Körpergröße
sin duda	zweifellos
huir *irr*	fliehen
arbusto *m*	Busch
esconderse	sich verstecken
suficiente-mente	ausreichend
marca *f*	Spur
neumático *m*	Reifen
refuerzo *m*	Verstärkung

A pocos metros de donde el asesino ha disparado, hay unos árboles y unos arbustos. Es el lugar perfecto para esconderse y, además, es suficientemente grande para un coche. Cuevas va hacia allí e investiga la zona. En el suelo hay marcas de neumáticos, seguro que su equipo puede averiguar qué tipo de coche es. A los pocos minutos llegan un par de coches. Ya están aquí los refuerzos.

Unter Kollegen ist es üblich, sich zu duzen und sich beim Vornamen zu nennen. Dass sich Cuevas und Santos jeweils mit dem Nachnamen ansprechen, hängt mit ihrem Beruf zusammen. Die Sie-Form wird im Spanischen normalerweise nur gegenüber älteren Menschen oder Personen in leitenden Positionen verwendet.

–¡Santos! Me alegro de verte[i], muchas gracias por venir –dice el inspector con alegría.

–¿Qué haces aquí? ¿Qué ha pasado? –contesta Santos.

–Lo sé, no he debido venir solo, pero no he tenido otra opción.

Ejercicio 4: El plural. Bilden Sie die richtige Pluralform!

1. el informante   *los informantes*

2. la llamada   _____

3. el asesino   _____

4. la víctima   _____

5. el inspector   _____

Cuevas le cuenta a Santos todo lo ocurrido. Le habla del informante, de la llamada, del asesino, de los disparos, de los tres dedos y de las marcas de neumáticos en el suelo. También de las últimas palabras de la víctima.

–Pero entonces, ¿quién es este hombre? ¿Por qué lo han matado? Y, sobre todo, ¿qué pintas tú en todo esto? –pregunta Santos.

–Eso es lo que tenemos que averiguar.

¿Qué pintas tú en todo esto?	Was hast du mit all dem zu tun?
jubilado *m*	Rentner
compararse	sich vergleichen

A los pocos días, el equipo de Cuevas ya ha averiguado que la víctima se llama Jaime González. Jubilado de 67 años, padre de tres hijos, casado y con dos nietos. Lo que aún no saben es su relación con el caso. El inspector no puede evitar compararse con él. Jaime González ha muerto, pero él ha estado muy cerca. A su mujer no le **ha contado** toda la verdad, ella cree que no ha pasado nada[i] y que su marido y él nunca se han encontrado. Cuevas lo prefiere así, ella está más tranquila y él puede seguir investigando sin **preocupaciones**.

Su **principal** duda por el momento es saber quién es realmente Jaime González. Cuevas ha buscado en **cientos** de documentos pero no encuentra ninguna relación con el caso Espejo. Su primer **pensamiento** ha sido que González puede ser dueño de algún bar implicado en la **trama**. Pero de momento no ha habido **suerte**.

Cuevas ya está cansado de buscar **informes**, así que decide ir directamente a los bares a preguntar. Después de lo ocurrido en la carretera, ya no quiere trabajar solo. Antes de salir, habla con Santos, los dos juntos seguro que tienen más suerte.

Im Spanischen gibt es neben der einfachen Verneinung mit **no** auch eine doppelte Veneinung mit **no + Indefinit-pronomen** wie **nada, nunca, ningún** oder **nadie**.
No ha pasado nada. –
Es ist nichts passiert.
No vienes nunca a verme. –
Du kommst mich nie besuchen.
No hay ningún curso ahora. –
Es gibt derzeit keinen Kurs.
No veo a nadie. –
Ich sehe niemanden.

contar	erzählen
preocupación *f*	Sorge
principal	Haupt…
cientos	Hunderte
pensamiento *m*	Gedanke
trama *f*	Komplott
suerte *f*	Glück
informe *m*	Bericht
⚡ salir *irr* de marcha	feiern gehen
No me suena.	Das sagt mir nichts.

Salen de la oficina y caminan hasta la calle Pedro Antonio de Alarcón[i], allí hay muchos pubs y es una de las calles preferidas por los jóvenes granadinos para salir de marcha. Cuevas y Santos entran en dos o tres bares y preguntan, pero nadie conoce a la víctima.

–¿Jaime González? No, no me suena. ¿Por qué lo tengo que conocer? –pregunta el dueño de uno de los bares.

–Estamos investigando un caso y necesitamos algo de información –contesta Santos.

> Granada ist eine der beliebtesten Uni-Städte in Spanien. In der calle Pedro Antonio de Alarcón – von den Einheimischen wegen ihrer Beliebtheit einfach nur **Pedro Antonio** genannt – und in der calle Elvira gibt es nicht nur jede Menge Kneipen und Pubs, hier kann man vor allem wunderbar Tapas essen und tanzen gehen.

Ejercicio 5: Vocabulario. In welcher Beziehung stehen die Personen zueinander? Füllen Sie die Lücken im Text!

1. Pilar es la ___*mujer*___ de Cuevas.

2. Ricardo y Pilar están _____ y tienen dos _____.

3. Jaime González es _____ de tres _____ y _____ de dos _____.

4. Santos y Cuevas son _____.

–Lo siento, no puedo ayudarles. No conozco a ningún Jaime González.

De pronto una chica joven sale del almacén con un par de cajas y se mete en la conversación.

–¡Claro que lo conoces! Es el padre de Carlos, el de la cerveza –dice la chica.

–¿Cómo? Explícate –le pide Cuevas, rápidamente.

–Carlos tiene una pequeña empresa de bebidas, es él quien nos vende la cerveza y los refrescos. Su padre trabaja con él, pero nunca viene por aquí. Él se encarga sobre todo de los pedidos y las facturas.

Cuevas y Santos acaban de encontrar una buena pista. Carlos vende cerveza a los bares y los bares están implicados en el caso. Las piezas ya empiezan a encajar.

–Bien, y Carlos, ¿viene mucho por aquí? Nos gustaría hablar con él –dice el inspector.

–Normalmente viene dos veces por semana, pero yo esta semana he estado fuera, así que no sé si ya ha venido. Hablen mejor con Lola, ella ha estado aquí todo el tiempo –contesta el dueño.

almacén m	Lager
caja f	Kiste
meterse en algo	sich in etw. einmischen
empresa f	Firma, Unternehmen
refresco f	Erfrischungsgetränk
encargarse de	sich kümmern um
pedido m	Auftrag
factura f	Rechnung
acabar de + inf	soeben etw. tun
pista f	Spur
pieza f	Stück, Teil
encajar	zusammenfügen
nos gustaría	wir möchten gerne

Lola es la chica de las cajas. Trabaja en el bar como camarera y pasa allí casi más tiempo que su jefe. Estudia en la universidad, pero trabaja en verano para **ahorrar** algo de dinero. Puede ser un buen contacto porque conoce a los clientes y a todos los **proveedores**.

ahorrar	sparen
proveedor *m*	Lieferant
a lo mejor	vielleicht
hacer *irr* (un) buen precio	preisgünstig anbieten
soler + *inf*	etw. zu tun pflegen

—Lola, queremos hacerte un par de preguntas, ¿tienes un momento? –pregunta Santos.

—Sí, voy a salir a comer, así que tengo un rato. Díganme –contesta ella.

—Queremos hablar con Carlos, pero **a lo mejor** tú[i] nos puedes ayudar. ¿Desde cuándo os vende cerveza? Y, ¿a qué otros bares vende también?

—A ver… pues ha abierto la empresa hace poco más de un año, creo. A nosotros nos vende desde hace seis meses, más o menos. Sé que tiene otros clientes como La noche, La música o El 16. Es un chico muy simpático, aquí viene

Das Spanische kommt in der Regel gut ohne Personalpronomen aus, ihre Verwendung ist nicht verpflichtend. Spricht man sie jedoch mit, wird eine Äußerung gezielt betont und erhält dadurch mehr Bedeutung: *No, **yo** no soy Carmen. **Ella** es Carmen, **yo** me llamo Isabel.*

todas las semanas y siempre nos **hace buen precio**.

—¿Cuándo tiene que venir? ¿Lo sabes? –pregunta el inspector.

—Esta tarde, **suele** venir sobre las seis.

—Perfecto, pues esta tarde volvemos. ¡Muchas gracias!

Cuevas y Santos deciden ir a comer y a descansar un rato. Carlos les puede resolver muchas dudas. Además, La noche y El 16 son dos de los bares implicados en la trama de corrupción, seguro que les puede contar muchas cosas. Después de tres días, es la primera vez que encuentran una respuesta. ¡Qué suerte han tenido de encontrar a Lola! Gracias a ella han dado un **gran paso** en la investigación.

gran paso *m*	großer Sprung
aunque	obwohl
estar *irr* **de servicio**	im Dienst sein
relajarse	sich entspannen
ración *f*	Portion
gazpacho *m*	*kalte spanische Gemüsesuppe*
pollo *m* **asado**	Brathähnchen
afirmar	bestätigen
poner *irr*	*hier*: bringen
alejarse	sich entfernen

–Santos, ¿dónde comemos?

–Tenemos tiempo, ¿te apetece ir al bar de Manolo?

–¿Al de la calle Navas? Sí, allí se come muy bien. Además, hace tiempo que no vamos. ¡Buena idea!

Cuando llegan al bar, lo primero que hacen es pedir una cerveza. **Aunque están de servicio**, tienen una pausa muy larga, así que **se** pueden **relajar** tranquilamente.

–Manolo, ¿qué tienes para comer hoy? –pregunta Cuevas.

–El menú del día , **raciones** y tapas –contesta.

Viele spanische Restaurants bieten das sogenannte **menú del día** an. Es enthält immer zwei Gerichte, also eine Vorspeise und eine Hauptspeise, dazu ein Dessert oder Kaffee, manchmal auch ein Getränk. Üblich ist, ein **menú** pro Person zu bestellen. Salate, Portionen und Tapas hingegen werden meist unter mehreren geteilt.

Ejercicio 6: Sopa de letras. In diesem Gitternetz sind acht Zutaten für Gazpacho versteckt. Welche sind es?

A	X	C	E	B	O	L	L	A	H
Y	L	O	T	N	P	S	Ñ	C	I
T	O	M	A	T	E	Z	R	E	M
P	E	B	U	V	P	J	A	I	D
G	U	P	I	M	I	E	N	T	O
K	J	M	E	L	N	O	H	E	X
I	T	W	A	J	O	S	U	F	Q
V	C	E	V	I	N	A	G	R	E
O	I	Y	K	G	O	L	R	C	O

–¿Qué hay de menú? –pregunta otra vez el inspector.

–Tenemos gazpacho de primero y pollo asado con patatas de segundo.

–Pues yo voy a tomar el menú –dice Cuevas.

–Y yo también –afirma Santos.

–¿Os pongo una ensalada mixta para compartir? –pregunta Manolo.

–Sí, por favor.

Después de comer, mientras están tomando el café, Santos recibe una llamada de la comisaría. Al contestar todo parece normal, pero pronto le cambia la cara. Santos parece preocupado y nervioso. Discute con la persona que ha llamado, se levanta y se aleja de la mesa. Cuevas está sorprendido. Santos está **de espaldas a** él, pero el inspector consigue escuchar algunas frases. "¿Pero qué dices?.. Tú lo conoces, ¡no puede ser verdad!.. No, no voy a hacer eso… Estoy solo, no sé dónde está. Te llamo luego."

Después de colgar el teléfono, Santos vuelve a la mesa. Está preocupado, se sienta y no dice nada.

—¿Qué ocurre? ¿Quién ha llamado? —pregunta nervioso el inspector.

—Nadie, olvídalo —contesta Santos.

—¿Que lo olvide? Está claro que estás preocupado, dime qué pasa, ¿es sobre el caso?

—Sí, bueno, no lo sé. **Están equivocados**, no tiene sentido.

—Pero el qué, ¿qué no tiene sentido?

—Ha llamado Rodríguez, de

de espaldas a	mit dem Rücken zu
estar *irr* **equivocado**	falschliegen, sich irren
prueba *f*	Beweis
balísitica *f*	Ballistik
error *m*	Irrtum, Fehler
bala *f*	Kugel (Gewehr)
cuerpo *m*	Körper
coincidir	übereinstimmen
huella *f*	Spur, Abdruck

la oficina. Ya tienen las **pruebas** de **balística** y dice que… Tiene que ser un **error**. Dice que la **bala** que han encontrado en el **cuerpo** de la víctima **coincide** con las de tu pistola.

—¡¿Qué?! Pero, ¿cómo? ¡Claro que es un error!

—Ya lo sé, pero dice que han repetido las pruebas varias veces y siempre con el mismo resultado. Además, tus **huellas** están en el cuerpo y a tu pistola le falta una bala.

—Pues claro, pero yo no he disparado a la víctima. Ya lo he contado mil veces. El otro hombre, los tres dedos, el coche…

–No tienen pruebas suficientes del coche. Las marcas de los neumáticos no demuestran nada. Van a ir a por ti. Me han ordenado que…

–¿Me tienes que detener? ¿Eso es lo que te han ordenado?

–Sí.

Santos y Cuevas discuten durante unos minutos. Cuevas está convencido de que le han tendido una trampa y Santos también. Se conocen desde hace años, Santos sabe que Cuevas no es capaz de hacer algo así. El inspector necesita un poco de tiempo, tiene que hablar con Carlos, seguro que él le puede responder a algunas preguntas y darle alguna pista sobre el asesino.

–Tienes que huir, no puedes quedarte aquí –le dice Santos a su amigo.

–No puedo huir, soy inocente. Necesito hablar con Carlos y algo de tiempo para demostrarlo –contesta el inspector.

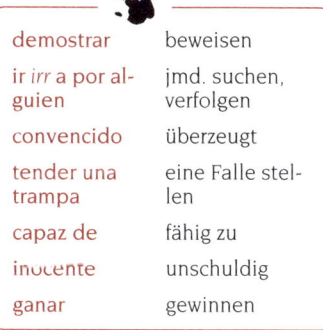

demostrar	beweisen
ir *irr* a por alguien	jmd. suchen, verfolgen
convencido	überzeugt
tender una trampa	eine Falle stellen
capaz de	fähig zu
inocente	unschuldig
ganar	gewinnen

–Le he dicho a Rodríguez que estoy solo, que no sé dónde estás. Ve al bar esta tarde y habla con el chico. Puedo intentar ganar algo de tiempo.

–Gracias, Santos, eres un amigo. Hablamos más tarde.

–¡Mucha suerte!

La trama

El inspector se ha quedado solo. No tiene mucho tiempo, máximo un día o dos. Santos **ha arriesgado** mucho al ayudarlo y al **mentir** por él, no puede **desperdiciar** esta oportunidad, pero tampoco **delatar a** su amigo. No puede huir y nadie debe saber que Santos lo ha ayudado. Tiene que actuar **con rapidez**. Lo primero es su cita con Carlos. Ya es casi la hora, mejor llegar un poco antes. Con suerte puede hablar con Lola otra vez, esa chica parece que sabe mucho.

De camino a Pedro Antonio, Cuevas intenta no **cruzarse** con ningún policía o algún **conocido**. En ese momento **suena** su móvil, ¿quién puede ser? ¿Debe responder? Al mirar el número ve que es Pilar. Pilar, ¡claro! No la ha llamado desde hace un par de días, seguro que está preocupada. Sí, es mejor contestar.

Ejercicio 7: Completar. Lesen Sie weiter und füllen Sie die Lücken mit den vorgegebenen Wörtern!

| nada | tema | están | ~~tal~~ | cita | perdona |

–Hola, **cariño**, ¿qué **1.** *tal* ?

−Ricardo, ¿estás bien? No sé **2.** _____ de ti desde el lunes −responde ella.

− **3.** _____ , es que tengo mucho trabajo. ¿Cómo **4.** _____ los niños?

−Los niños bien, ya veo cómo cambias de **5.** _____ ...

−No es eso. Estoy solo en la oficina, ya sabes. Y no tengo tiempo de nada. Justo ahora tengo una **6.** _____ con un testigo, no puedo hablar.

−¿**Sigues** con el caso?

−Claro. Tengo que colgar, me están esperando. Te llamo yo luego, ¿vale? Tú **vete** a la playa y **disfruta**. Dale un beso a los niños de mi parte.

−Está bien, pero entonces, ¿cuándo vienes?

−Ahora no puedo pensar en eso. Un beso. Hasta luego.

−Un beso.

La llamada de Pilar le ha hecho pensar. Es muy fácil **localizarle**. Tiene que **apagar** el móvil, internet y

arriesgar	riskieren
mentir *irr*	lügen
desperdiciar	verpassen
delatar a alguien	jmd. anzeigen
con rapidez	schnell, schleunigst
cruzarse	*hier*: begegnen
conocido *m*	Bekannter
sonar	klingeln
cariño *m*	Schatz
seguir *irr*	*hier*: weitermachen
¡Vete!	Geh(e)!
disfrutar	genießen
localizar	ausfindig machen
apagar	ausschalten

todo. Su mujer no va a llamar[i] otra vez y él la puede llamar en un par de días desde una cabina. Ya hay muy pocas en la ciudad, pero sabe dónde hay una en el barrio del Zaidín. Eso no es problema, ahora a la cita con Carlos. **¡No hay tiempo que perder!**

> **Ir a + Infinitiv** ist die einfachste Form, eine Handlungsabsicht in naher Zukunft auszudrücken. Beachte: **Ir** ist ein unregelmäßiges Verb.
> *No va a llamar otra vez.* – Sie wird nicht noch einmal anrufen.
> ***Voy a apagar** el móvil.* – Ich werde das Handy ausschalten.

Al llegar al bar, Lola está detrás de la barra. Son las seis menos cuarto, aún es pronto para abrir, pero parece que están haciendo inventario porque está contando todas las botellas y limpiando los estantes.

cabina *f*	Telefonzelle
⚡ ¡No hay tiempo que perder!	Keine Zeit zu verlieren!
barra *f*	Theke
inventario *m*	Inventur
estante *m*	Regal
sospechar	ahnen, vermuten

–¡Hola, Lola! ¿Qué tal? –dice Cuevas.

–¡Buenas tardes! Otra vez usted por aquí, ¿dónde está su compañero? –contesta.

–Ha tenido que volver a la oficina, ¿ha venido Carlos ya?

–No, aún no. ¿Quiere un café mientras espera?

–No gracias, he tomado uno hace poco –responde el inspector.

Cuevas quiere hablar con Lola y preguntarle por Carlos, pero con naturalidad, ella no tiene que sospechar nada.

–Y dices que conoces a Carlos desde hace unos seis meses, ¿no? –pregunta Cuevas.

Ejercicio 8: Traducción. Übersetzen Sie die Fragen, die Inspektor Cuevas stellen könnte!

1. Wo hast du Carlos kennengelernt?

   ¿Dónde has conocido a Carlos?

2. Treffen sich Carlos und sein Vater immer hier?

   _____

3. Welche anderen Kunden hat Carlos?

   _____

4. Wie oft kommt Carlos in diese Bar?

   _____

—No, nos conocemos desde hace más de un año, tenemos una amiga en común, pero nos vemos poco. Ahora nos vemos prácticamente sólo cuando viene aquí.

—¿Y viene siempre solo? ¿Su padre nunca lo acompaña?

—Su padre lo ayuda con las facturas, pero la empresa es de Carlos. Aunque ahora… pobre hombre. Por eso ha venido, ¿no? Por el asesinato.

—¿Lo [i] sabes? —responde el inspector sorprendido.

> Die Akkusativpronomen **lo, la, los, las** stehen immer vor dem konjugierten Verb oder am Ende des Satzes, verbunden mit einem zweiten Verb im Infinitiv: _¿Quién compra los zapatos? –_ **Los** _compro yo._ (Ich kaufe sie.)
> _¿Quién quiere comprar los zapatos? –_ **Los** _quiero comprar yo. / Quiero comprarlos yo._
> In einigen Fällen funktioniert das Pronomen **lo** wie das deutsche „es": _¿Lo sabes?_ – Du weißt es?

–Sí, me lo ha dicho Carlos, está muy afectado.

¡Qué chica! Lo ha sabido todo este tiempo y no ha dicho nada. A los pocos minutos, un chico entra por la puerta. Tiene que ser él.

–Mire, ahí está –dice Lola mientras va a saludar al chico–: ¡Hola, Carlos! Este señor quiere hablar contigo, es por lo de tu padre. Yo puedo descargar mientras la furgoneta.

–Hola, soy Carlos. ¿Y usted es..? –pregunta el chico.

–Mi nombre es Ricardo Cuevas, soy inspector de policía. Estoy investigando el asesinato de tu padre. Es importante hacerte un par de preguntas –responde el inspector.

–No quiero hablar del tema, déjeme en paz, por favor.

–Lo siento, Carlos, pero no puedo hacer eso. ¿Sabes quién ha podido hacer algo así?

afectado	betroffen
descargar	abladen
furgoneta *f*	Lieferwagen
¡Déjeme en paz!	Lassen Sie mich in Ruhe!
tener *irr* prisa	in Eile sein, es eilig haben
entrega *f*	Lieferung
apuntar	*hier*: anschreiben
perder de vista a alguien	jmd. aus den Augen verlieren

–No, no lo sé. Y no puedo hablar, ya se lo he dicho.

–¿No puedes? Pero, ¿por qué?

–Lo siento, de verdad. Lola, hoy tengo mucha prisa, tengo que hacer otra entrega. Te lo apunto y me pagas el próximo día, ¿vale?

Carlos sale rápidamente del bar. Cuevas no está contento con la conversación, ¿por qué no ha querido hablar? No puede perderlo de vista, tiene que seguirlo. Sale también del bar y **mira a su alrededor**. Carlos está cerrando la furgoneta y se va a ir. Tiene que encontrar un taxi y rápido. ¡Carlos se escapa! Mira a los lados de la calle, pero no hay ninguno. En ese momento, un coche se acerca y se para delante de él. ¡Es Santos!

mirar a su alrededor	um sich schauen
todoterreno *m*	Geländewagen
rueda *f*	*hier*: Reifen

–Sube, deprisa. Tengo que contarte algo –dice Santos.

–Cuéntamelo[i] por el camino. Sigue a esa furgoneta, ¡rápido! –contesta Cuevas.

–¿La furgoneta?

–Es Carlos, creo que me ha mentido. Síguelo.

Santos y Cuevas siguen a la furgoneta de Carlos. Lo hacen despacio y a lo lejos, él no tiene que verlos. Lo siguen por un par de calles. Santos le dice a Cuevas que el equipo ha descubierto la marca del neumático. Es de un **todoterreno**. No saben el modelo, pero por el tipo de **rueda**, tiene que ser uno muy grande. Después de unos diez minutos, la furgoneta se para. Están en El 16, uno de los bares implicados. Ha sido una buena idea seguirlo. Carlos se baja del coche y entra en el bar.

> Das Akkusativpronomen wird beim bejahten Imperativ an die Verbform angehängt: *cuéntalo* – erzähl es, *tráelo* – bring es. In diesen Fällen trägt das Wort immer einen Akzent auf der drittletzten Silbe. Wird das Dativpronomen mit angegeben, steht es vor dem Akkusativpronomen und der Akzent verschiebt sich auf die viertletzte Silbe: *cuéntamelo* – erzähl **es** mir, *tráemelo* – bring **es** mir.

–¡Vamos! –dice el inspector.

–No puedo quedarme, sólo he venido para decirte lo del coche porque tu móvil está apagado –contesta su compañero.

–Sí, tienes razón. Es mejor así.

En ese momento, Cuevas se da cuenta de algo. Hay un todoterreno aparcado al lado del bar. Puede ser el coche.

–Santos, vete ya. ¡Muchas gracias por todo, compañero!

–De nada, ¡mucha suerte!

Cuevas sale del coche y se acerca al todoterreno. Mira las ruedas y comprueba que tienen tierra. Las ruedas están manchadas y es un todoterreno como ha dicho Santos. Cuevas quiere encontrar alguna pista: la ropa del asesino, la pistola… Se fija en la puerta y lo ve, ¡está abierta! Es su oportunidad. El inspector entra en el coche y cierra la puerta. Escondido entre los asientos busca alguna prueba… y encuentra la mejor prueba de todas: la pistola. Con el arma[i] del crimen, Cuevas puede volver a la comisaría y demostrar su inocencia. De repente escucha voces que se acercan.

Arma ist feminin, trotzdem sagt man el arma. Im Spanischen wird das Aufeinandertreffen des Artikels la mit einem Wort, das mit einem betonten a-beginnt, vermieden, indem der Artikel el verwendet wird. Die Determinativbegleiter este, ese, aquel und unbestimmte Zahladjektive wie mucho und poco tragen jedoch wie gewohnt weibliche Endungen: el arma – esta arma, el agua – mucha agua, el hambre – poca hambre.

Son dos personas. Una de ellas es Carlos y la otra es… El inspector no está seguro, no puede ver bien a la persona. Mira su mano izquierda y ahí están los tres dedos otra vez. ¡Es el asesino! Parece que se gira y que se dirige hacia el coche. Cuevas está atrapado y tiene que salir enseguida. Con mucho cuidado abre la puerta de atrás y sale del coche. A los pocos segundos, el coche arranca y se va. Es ahora o nunca. Tiene a Carlos, la pistola, la prueba de que conoce al asesino y están justo al lado de uno de los bares de la

aparcado	geparkt
de nada	nichts zu danken, gern geschehen
comprobar	feststellen, nachweisen
manchado	beschmutzt
asiento *m*	Sitz
arma *f*	Waffe
crimen *m*	Verbrechen
inocencia *f*	Unschuld
voz *f*	Stimme
atrapado	ertappt
enseguida	sofort
arrancar	starten

trama. El inspector está cada vez más cerca de resolver el caso.

Carlos está subiendo al coche, se va a ir.

–¡Carlos, espera! –grita el inspector.

–¿Otra vez usted? Ya le he dicho que no tengo nada que decirle –contesta el chico.

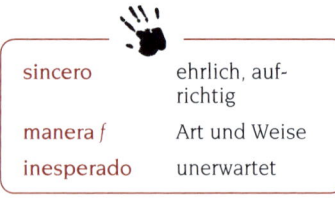

sincero	ehrlich, aufrichtig
manera f	Art und Weise
inesperado	unerwartet

–Yo creo que sí tienes algo que decirme, ¿quién es ese hombre con el que has hablado?

–Nadie, un cliente del bar. Tengo prisa.

–Está bien, voy a ser **sincero** contigo. Sé quién es el asesino de tu padre y necesito tu ayuda para detenerlo.

En ese momento, Carlos reacciona de una **manera** totalmente **inesperada**. Se da la vuelta y se va. Carlos no parece sorprendido, ¿qué es lo que pasa aquí?

Ejercicio 10: El perfecto. Bilden Sie die Perfektformen folgender Verben!

1. buscar (vosotros)   *habéis buscado*

2. llamar (tú)   _____

3. perder (nosotros)   _____

4. amenazar (ustedes)   _____

5. seguir (yo)   _____

–Ese hombre con el que has hablado es el asesino y lo sabes –dice el inspector.

–Sí, lo sé. Pero no puedo hacer nada, tiene amenazada a toda mi familia –contesta Carlos.

–¿Por qué? ¿Quién es?

–No sé quién es ese hombre. Todos lo llaman el Jefe.

–¿El Jefe de qué?

–Yo llevo poco tiempo en este negocio, pero desde que he llegado he empezado a ver cosas raras. Mercancía, dinero, amenazas. Todos los bares conocen a este grupo. Venden drogas o algo así, no conozco todos los detalles. Sólo sé que los bares les pagan dinero todos los meses y que los dueños hacen la vista gorda cuando los de la banda vienen a vender o hacer alguno de sus tratos.

amenazar	bedrohen
jefe *m*	Chef
negocio *m*	Geschäft
mercancía *f*	Ware
amenaza *f*	Drohung
⚡ hacer *irr* la vista gorda	ein Auge zudrücken
banda *f*	Bande
trato *m*	Deal

–¿Pero por qué les pagan?

–Tienen miedo. ¿Por qué cree que han matado a mi padre?

–Pero esto no puede quedar así, tienes que denunciar.

–No, ya he perdido a mi padre, no puedo arriesgar la vida de mi madre y mis hermanos.

De pronto un coche de policía se para delante de ellos. Un policía baja deprisa y grita: "¡Arriba las manos! Cuevas, queda usted detenido".

El juez

El inspector intenta explicar a sus compañeros todo lo que ha pasado y que todo ha sido un error. Pero no lo escuchan. Cuevas **se defiende** y discute con ellos. Tiene un testigo, el arma del crimen y el **móvil**, pero es **inútil**. Los policías **tienen orden** de detenerlo. **A pesar de** sus protestas, los compañeros detienen al inspector y lo llevan a la comisaría. La pistola que ha encontrado Cuevas sólo **ha empeorado** las cosas. Los policías han pensado que es una amenaza.

En la comisaría, el inspector pide hablar con Santos. Él es el único que todavía cree en su inocencia. Después de varias horas, Santos aún no ha llegado. ¿Dónde puede estar? Necesita hablar con él, decirle lo que ha hablado con Carlos.

juez *m*	Richter
defenderse	sich verteidigen
móvil *m*	*hier*: Motiv
inútil	sinnlos
tener *irr* **orden**	Befehl/Anweisung haben
a pesar de	trotz
empeorar	verschlimmern
fianza *f*	Kaution
denegar *irr*	ablehnen

–Llamad otra vez, por favor –le dice Cuevas a sus compañeros.

–Ya lo hemos hecho, inspector. No contesta –responde uno de ellos.

–Bueno, pues dime cuánto es la **fianza** y la pago.

–El juez **ha denegado** la fianza, lo siento.

Cuevas no puede hacer nada, así que se sienta a esperar. De repente piensa otra posibilidad y pide hacer otra llamada. Él ya no puede llamar más, los detenidos sólo pueden hacer una llamada, pero sus compañeros aún le **respetan**.

–Lola, soy el inspector Cuevas, ¿me recuerdas[i]? Necesito tu ayuda, es importante.

–Hola, inspector. Sí, claro que me acuerdo de usted. ¿Qué ocurre? –contesta ella.

–Tengo que hablar con Carlos, ¿sabes dónde está?

> **Recordar** und **acordarse** bedeuten jeweils „sich an etw. erinnern". Sie werden synonym verwendet, aber unterschiedlich gebildet. Man sagt **recordar algo** oder **acordarse de algo:** *Te recuerdo. / Me acuerdo de ti.* – Ich erinnere mich an dich.

–No, yo también tengo que hablar con él, pero no contesta al teléfono. Lo he llamado varias veces y nada.

–Está bien. Te llamo más tarde, a lo mejor ya **ha aparecido**. Al colgar, escucha voces desde su **celda**. Parece la voz de su amigo. ¡**Por fin** ha llegado!

–Santos, ¡qué alegría verte! –grita el inspector.

–Hola, ¿cómo estás? –pregunta preocupado Santos.

–Estoy bien, pero nervioso. Desde aquí no puedo hacer nada y esto es un error. ¡Tú lo sabes!

–¡Claro que lo sé! Pero no hay pruebas y todo te **señala**.

respetar	respektieren
aparecer *irr*	auftauchen
celda *f*	Gefängniszelle
por fin	endlich
señalar	*hier:* hinweisen auf

–He visto al asesino, sé quién es, lo llaman el Jefe. ¡Y tengo el arma! Bueno, ahora la tienen los compañeros.

–Sí, lo sé. Creen que es tuya.

–¡No lo es! La he cogido del todoterreno.

–Tiene tus huellas. Sólo las tuyas. El asesino ha limpiado muy bien la pistola.

–Pero… Entonces… ¡Tienes que buscar a Carlos! ¡Es nuestra última **esperanza**! He hablado con él y va a denunciar.

–Cuevas, han encontrado a Carlos muerto hace una hora.

–¡¿Qué?! ¡No puede ser!

–No sé quién ha hecho esto, pero lo ha hecho muy bien. No tienes testigo ni arma. La única prueba eres tú en la explanada con el cuerpo de ese hombre.

–Pero, ¿quién? ¿Por qué? ¿Qué voy a hacer ahora?

–He hablado con algunos amigos, pero no se puede hacer nada. Te van a **condenar**, Cuevas. Te van a **declarar culpable** de asesinato.

Desesperado, el inspector se sienta en el suelo y **se sujeta** la cabeza con las manos. Quiere estar solo. Santos le ha prometido hacer todo lo posible, pero Cuevas sabe que está todo perdido. "**La esperanza es lo último que se pierde**", dicen, pero esta vez no. Esta vez ya no hay esperanza.

Con los ojos cerrados y **pensativo**, Cuevas sigue sentado en el suelo. No ha querido cenar, aún no ha hablado con su mujer. Necesita tiempo para pensar. En ese momento uno de los policías le dice que mañana va a tener una primera visita con el juez.

esperanza *f*	Hoffnung
condenar	verurteilen
declarar culpable	für schuldig erklären
desesperado	verzweifelt
sujetarse	stützen
⚡ La esperanza es lo último que se pierde.	Die Hoffnung stirbt zuletzt.
pensativo	nachdenklich
apretón *m* de manos	Händedruck
barrote *m*	Gitterstab

El juez Ruiz es el juez de su caso y ha venido a visitarlo. No es algo normal entre los jueces, pero Cuevas tampoco es un detenido normal. Es inspector de policía.

–Buenas noches inspector –dice el juez.

–Buenas noches –contesta Cuevas.

–No me gustan estas situaciones, sólo he venido a conocerlo y a desearle suerte.

–Soy inocente, yo no debo estar aquí.

–No puedo hablar de eso con usted, mejor me voy ya. Buenas noches y hasta mañana.

El juez mira a Cuevas. Quiere despedirse de él con un **apretón de manos**. Con la mano izquierda coge uno de los **barrotes** de la puerta. El inspector le da la mano, se despide de él y entonces lo ve. La mano izquierda del juez sólo tiene tres dedos... ¡El juez es el asesino!

–¡Eres tú! ¡Tú eres el asesino! –grita Cuevas.

–Hasta mañana, inspector –contesta el juez después de una pequeña pausa sin **negar** ni **confirmar** nada.

negar *irr*	verneinen
confirmar	bejahen
soñar	träumen
agachado	gebeugt
hombro	Schulter

Cuevas grita más y más fuerte.

–¡Eres tú! ¡Eres tú!

–¡Cariño! ¡Cariño! ¡Despierta, estás **soñando**!

Cuevas abre los ojos y ve a su mujer **agachada** sobre él. Ella le coge el **hombro** y lo intenta despertar.

–¿Qué ha pasado? ¿Dónde estoy? –pregunta asustado.

Ejercicio 12: Formas del verbo. Unterstreichen Sie die richtige Variante!

1. El inspector Cuevas ya no tenemos / tiene esperanza.

2. Nos interesa / interesan hablar con Carlos.

3. Alguien quieren / quiere culpar al inspector.

4. A los dueños de los bares les dan / da miedo el Jefe.

5. Cuevas ha / has cogido el arma del crimen.

–¿Dónde vas a estar? Pues en casa, ¡vaya pregunta! Pues sí que te has echado una buena siesta.

–¿Un sueño? Uf, ¡menos mal! He pasado mucho miedo, Pilar. Esto no ha sido un sueño, ¡ha sido una pesadilla!

–Ay, ¡qué exagerado! Venga, cámbiate de ropa,vas a llegar tarde al trabajo –contesta Pilar medio riendo.

Al final todo ha sido un sueño, uno muy real. Con Santos, sus compañeros, y el caso Espejo… hasta la cara de Carlos y del juez le recuerdan a alguien. ¡Qué tranquilidad! "Ahora a pensar en el caso de verdad", piensa.

⚡ ¡Vaya pregunta!	Was für eine Frage!
sueño *m*	Traum
¡Menos mal!	Zum Glück!, Gott sei Dank!
exagerado	übertrieben
semáforo *m*	Ampel
dirigir	*hier*: regeln
tráfico *m*	Verkehr
subconsciente *m*	Unterbewusst-sein
mezclar	(ver)mischen
desde principios	seit Beginn

Cuevas va deprisa, se ha dormido y sabe que llega tarde. Justo enfrente de él, en el semáforo, hay un policía dirigiendo el tráfico. El inspector se acerca a él y le pregunta la hora. El policía levanta su mano izquierda y… ¡ahí están los tres dedos otra vez! Cuevas abre los ojos completamente y, aún asustado por el sueño, se da la vuelta rápidamente y se va. Sabe que no es el juez Ruiz. Su subconsciente mezcla realidad y ficción. Ese policía está ahí desde principios de semana. Sin embargo, Cuevas aún está asustado. Todo son señales, necesita vacaciones. "Mañana me voy a la playa con Pilar y los niños, el caso puede esperar", se dice.

Desaparecidas

Ana López Toribio

La amenaza

–Lucía, ¿puedes leer tu **redacción**? –pregunta Marta, la profesora.

Lucía baja la cabeza y no contesta. Parece triste. Marta **se da cuenta de** que Lucía no ha hecho los **deberes**. Cuando **empieza** la pausa, Marta quiere hablar con Lucía.

–Cuéntame, Lucía, ¿por qué no has hecho la redacción?

La niña no contesta.

–¿Has entendido el tema?

–Sí, señorita –responde Lucía.

–¿Y cuál es el problema? –pregunta de nuevo Marta. Lucía no contesta.

–Bueno, ahora puedes jugar con tus amigas.

Marta está **preocupada** por Lucía. El tema de la redac-

amenaza *f*	Drohung
redacción *f*	Aufsatz
darse *irr* cuenta de algo	etw. bemerken
deberes *m pl*	*hier*: Hausaufgaben
empezar *irr*	beginnen
preocupado	besorgt
machismo *m*	Machismo, Sexismus
ONG (Organisación No Gubernamental) *f*	NGO (Nichtregierungsorganisation)
taller *m*	*hier*: Workshop
experiencia *f*	Erfahrung
recibir	bekommen, erhalten
apoyo *m*	Unterstützung
callado	verschwiegen, still
desde hace	seit
afueras *f pl*	Umgebung, Stadtrand

ción no es fácil y se pregunta si realmente es una buena idea escribir sobre **machismo**. Pero otros alumnos han escrito sin problemas sobre el tema. Marta sabe que el tema del machismo es casi un tabú en Guatemala[i]. Su amiga Olga trabaja en una ONG donde habla con gente sobre el tema de la violencia machista. Olga propone hacer un taller para los más pequeños, tiene mucha experiencia y sabe cómo tratar el tema. Marta está

Guatemala ist mit ca. 15,5 Mio. Einwohnern ein kleiner Staat in Mittelamerika. Auffallend hoch ist die Kriminalitätsrate – Angriffe auf offener Straße oder häusliche Gewalt zählen zu den häufigsten Verbrechen. Die Opfer sind meistens Frauen.

muy contenta con el taller, ha luchado durante meses y por fin ha recibido el apoyo de sus compañeras y compañeros.

Ejercicio 1: El plural. Bilden Sie die richtige Pluralform!

1. el tema   *los temas*

2. la idea

3. el taller

4. el tabú

5. la redacción

Lucía está muy callada ya desde hace unos días. Por eso Marta decide hablar con sus padres.

Rosa Amelia y Elías viven a las afueras. En la puerta, Marta oye una discusión, pero el volumen de la televisión es tan alto que no puede comprender todo lo que dicen. **Llama al timbre**. Un hombre con la camisa medio **abrochada** abre la puerta. **Desprende** un fuerte **olor** a alcohol y a **sudor**.

–¿Qué quiere? –le pregunta sin mucha **paciencia** Elías a Marta.

–Buenos días, soy Marta, la profesora de Lucía. Me gustaría hablar con usted y con su mujer sobre Lucía...

–¿Qué pasa? ¿Es que ha hecho algo malo en la escuela? –pregunta Elías.

–No, no, está todo bien, es sólo que desde hace unos días está un poco callada...

La puerta está **entreabierta**, Marta puede ver a una mujer sentada en una silla, no puede ver su cara, pero parece que está llorando.

–¿Puedo pasar? –pregunta Marta, ahora **intrigada** por la situación.

–Mire, señorita, no tengo tiempo para **tonterías**. Lucía está bien, no se preocupe –responde Elías **mientras** cierra la puerta y termina **de repente** con la conversación.

Marta está ahora más preocupada por la situación familiar de Lucía. No hay un ambiente tranquilo en la familia. De camino a casa, en el autobús, piensa qué puede hacer.

llamar al timbre	klingeln
abrochado	zugeknöpft
desprender	verströmen, entströmen
olor m	Geruch
sudor m	Schweiß
paciencia f	Geduld
entreabierto	halb offen
intrigado	(an)gespannt
tontería f	*hier*: Nichtigkeit
mientras	während(dessen)
de repente	plötzlich

Sabe a través de Olga que hay una Oficina de Protección para Mujeres en la ciudad de La Libertad. Marta decide ir allá .

> **Acá** (hier) und **allá** (dort) sagt man hauptsächlich in Lateinamerika. In Spanien benutzt man für diese Ortsangaben vorzugsweise **aquí** und **allí**.

Cuando entra en la oficina, ve a una mujer morena, no muy alta pero con una mirada fuerte y segura. Le cuenta lo que ha pasado en casa de Lucía.

–Bueno, en este caso la policía todavía no puede ayudarnos, porque no tenemos pruebas, pero podemos seguir el caso nosotras mismas. Ahora estoy trabajando en un proyecto muy importante. Nuestra meta es cambiar la ley de protección de mujeres y luchar por condenas más duras para los hombres que maltratan a las mujeres. Lo que podemos hacer es que usted sigue el caso de cerca y con cualquier información puede venir a la oficina, ¿qué le parece? Soy Paulina y este es mi número de teléfono. Puede llamar las 24 horas del día, ¿de acuerdo?

a través de	durch, über
mirada *f*	Blick
prueba *f*	*hier:* Beweis
meta *f*	Ziel
ley *f*	Gesetz
protección *f*	Schutz
luchar por	kämpfen um/für
condena *f*	Strafe, Verurteilung
maltratar	misshandeln
seguir *irr*	(ver)folgen
cualquier	irgendwelche(r/s)
despedirse *irr*	sich verabschieden

–Sí, perfecto. Muchas gracias por la ayuda. Hasta pronto –se despide Marta.

Ejercicio 2: Ordenar. Bringen Sie die Buchstaben in die richtige Reihenfolge!

1. petcoory   _proyecto_ _____
2. toranmitep   _____
3. noaicif   _____
4. leéftoon   _____
5. aosnorst   _____

Al día siguiente, Marta va como cada mañana a la escuela. Cuando entra en la clase, encuentra un papel encima de su mesa. Lo abre y lo lee:

"Mantente lejos de nosotros, tu vida está en peligro".

Una sensación de miedo se adentra en su cuerpo. Sus piernas tiemblan. No puede creerlo. ¿Quién quiere amenazarla? ¿Y por qué? Marta

mantenerse *irr* lejos	sich fernhalten
peligro *m*	Gefahr
miedo *m*	Angst
adentrarse	befallen
amenazar	drohen
quizá	vielleicht

va a la oficina de la directora de la escuela. Habla con ella sobre la amenaza.

–Es horrible, Marta. ¿Qué podemos hacer? –le dice la directora.

–No sé, es la primera vez que me pasa algo así.

–Quizá puedes ir a la policía y contarles lo que ha pasado.

Así que Marta va a la comisaría de la policía. Cuando cuenta lo ocurrido, empieza a darse cuenta de la gravedad del asunto y empieza a llorar.

–Tranquila, señorita –le consuela Víctor, jefe de la Policía de La Libertad–. Estas amenazas ocurren casi todos los días y muchas veces son sólo bromas.

–Ya sé que en este país es algo casi normal, pero tengo miedo –responde Marta.

–Nosotros vamos a hacer todo lo posible, es mejor si ⁱ usted se va a casa y se tranquiliza –le responde Víctor acompañándola a la puerta.

> Vorsicht mit **si** und **sí**! **Si** ohne Akzent heißt „wenn/falls/ob" und leitet Nebensätze ein. Mit Akzent geschrieben, bedeutet **sí** dagegen „ja".

Al día siguiente, Marta está un poco más tranquila. Es sábado, así que no trabaja en la escuela. Marta piensa en la amenaza y en Paulina, su trabajo es muy importante para muchas mujeres. Quizá es una buena idea visitarla y tomar un café con ella.

Cuando llega a la oficina de Paulina ve que la puerta está abierta. Entra.

–¿Hola? ¿Paulina? –pregunta sin recibir respuesta.

–"Qué raro...", piensa Marta.

ocurrido	geschehen, passiert
gravedad f	hier: Schwere
asunto m	Angelegenheit, Sache
consolar irr	trösten
jefe m	Chef
broma f	Scherz
tranquilizarse	sich beruhigen
acompañar	begleiten

Marta llama al teléfono de Paulina. Nadie contesta. Llama de nuevo. No hay respuesta, ¿dónde puede estar Paulina?

Marta sale a la calle y ve a una **vecina** que está entrando en su casa.

–Perdone, señora, ¿conoce a Paulina, la chica que trabaja acá? –pregunta Marta.

La vecina mira unos **instantes** a Paulina antes de responder.

vecina *f*	Nachbarin
instante *m*	Augenblick
intención *f*	Absicht
alumna *f*	Schülerin
furgoneta *f*	Lieferwagen
deprisa	eilig
abogado *m*	Rechtsanwalt
asustado	verängstigt
sospechoso	verdächtig

–Sí, hoy la he visto –contesta la mujer sin **intención** de hablar mucho.

–Y, ¿sabe dónde está?

–No lo sé, Paulina me ha dicho esta mañana que tiene mucho trabajo pues por la tarde tiene visita de alguien importante. ¿Usted de qué conoce a Paulina, señorita?

–Me ayuda con un caso de una **alumna**.

–Ah...

–¿Por qué? ¿Sabe algo más? –pregunta Marta con miedo.

–Mire, señorita, esta tarde, a la hora de la siesta, he oído una **furgoneta** que ha salido muy **deprisa**. Es raro, porque los **abogados** no van normalmente en furgoneta, ¡pero yo no he visto nada! –dice la vecina mientras abre la puerta nerviosa.

–¡Oh, Dios mío! –dice Marta **asustada**.

¿Quiénes son esos hombres? ¿Y dónde está Paulina? Marta piensa que algo malo le ha pasado a Paulina. Sin perder tiempo va a la Comisaría de Policía, quizá allá saben algo más.

Allá ve a Víctor trabajando en su oficina.

Ejercicio 3: El participio. Wie lautet das Partizip Perfekt der folgenden Verben?

1. llamar _____*llamado*_____

2. ver _____

3. decir _____

4. oír _____

5. salir _____

–Buenos días, Víctor.

–Mi querida Marta, buenos días –responde Víctor saludando [i] con una sonrisa–. ¿Puedo ayudarte?

–No lo sé, vengo de la Oficina de Protección de Mujeres, allá trabaja Paulina. La puerta está abierta, pero Paulina no está. Nadie está. Estoy un poco preocupada, ¿usted sabe algo? –dice Marta muy nerviosa.

> Das **gerundio** wird immer dann benutzt, wenn man etwas ausdrücken möchte, das in diesem Moment bzw. gleichzeitig zu einer anderen Handlung passiert. Diese Form wird aus der Grundform gebildet: *saludar – saludando, vivir – viviendo, beber – bebiendo.*

–Bueno, no... No tenemos ninguna información sobre ella...

–Alguien ha visto que una furgoneta se ha ido muy deprisa, es un poco **sospechoso**, ¿no cree?

Ejercicio 4: Palabra escondida. Übersetzen Sie und enträtseln Sie das Lösungswort!

1. Weg   C A M I N O
2. Vormittag ☐ _ _ _ _ _
3. Leute _ ☐ _ _ _
4. Montag _ _ ☐ _ _ _
5. Straße _ ☐ _ _
6. vielleicht _ _ ☐ _
7. Schule _ _ _ _ _ _ ☐

Lösung: ☐ ☐ ☐ ☐ ☐ ☐ ☐

–Mire, señorita, hay cientos de furgonetas por la ciudad, no veo nada de sospechoso en esta historia –responde.

Marta se va de la comisaría sin saber nada nuevo. No sabe dónde vive Paulina ni dónde puede estar, pero quizá Víctor tiene razón y Paulina está bien. Es mejor si espera un poco. Al día siguiente queda con Olga y le cuenta todo.

–Yo sé dónde vive Paulina, vamos ahora mismo a visitarla.

Marta y Olga van a casa de Paulina y llaman al timbre, pero nadie contesta.

–¡Ay, madre mía! ¿Dónde está Paulina? –dice Olga.

–¿Qué piensas? –pregunta Marta nerviosa–, ¿crees que la han secuestrado?

Marta se asusta de sus propias palabras. Olga no dice nada.
–¿Qué podemos hacer? –pregunta Marta asustada.

–Creo que de momento sólo podemos esperar.

cientos *m pl*	Hunderte
secuestrar	entführen
amanecer *irr*	dämmern
acercarse	sich nähern, herankommen
despacio	langsam
hacia atrás	zurück
cada vez más	mehr und mehr
gritar	schreien
correr	rennen
arrancar	anlassen, starten (Fahrzeug)
desaparecer *irr*	verschwinden

Es lunes, como cada mañana Marta sale de casa muy temprano para ir a la escuela. Está amaneciendo, todavía no hay mucha gente en la calle. En el camino piensa en los últimos días.

Poco después oye un carro que se acerca despacio. Mira hacia atrás y ve que es una furgoneta. Empieza a caminar más deprisa. La furgoneta se acerca cada vez más. Siente miedo. De repente la furgoneta se para. Abren la puerta. Marta ve a dos hombres dentro de la furgoneta. Grita. Empieza a correr.

–¡Rápido, rápido! –dice uno de los hombres.

Los dos hombres corren detrás de Marta. Tiene miedo. Sólo corre. Corre tan deprisa como puede. A la derecha hay una avenida. Tiene que llegar hasta allá. La furgoneta ha arrancado el motor otra vez. Los hombres entran en la furgoneta y desaparecen.

Es gibt einige Wörter, die in Lateinamerika anders verwendet werden oder eine andere Bedeutung haben als im europäischen Spanisch. Ein Beispiel ist die Bezeichnung für „Auto": In Lateinamerika sagt man nicht **coche**, sondern **carro**.

Una furgoneta azul

Marta no duerme en su casa desde hace tres días. Ahora está en casa de Olga, las dos desayunan.

pesadilla *f*	Albtraum
referirse *irr* a	meinen, sich beziehen auf
averiguar	herausfinden
conseguir *irr*	*hier:* bekommen
peligroso	gefährlich
acordarse *irr* de	sich erinnern an
intento *m*	Versuch
secuestro *m*	Entführung
estar *irr* detrás de algo	hinter etw. stecken

—¿Qué tal has dormido hoy? —pregunta Olga.

—Un poco mejor, por lo menos no he tenido **pesadillas** —dice Marta sonriendo.

—Eso está bien —contesta Olga mientras toma su taza de café.

—Olga, tenemos que hacer algo —dice Marta con voz firme.

—¿Hacer algo? —pregunta Olga dudando—. ¿**Te refieres a** Paulina?

—Sí.

—¿Y qué podemos hacer?

—Tenemos que **averiguar** dónde está.

Olga mira a su amiga.

—Marta, creo que ya no podemos hacer nada más… Hemos hablado con la policía, con otras ONG, ¿qué piensas que podemos hacer?

–Tenemos que **conseguir** alguna información –dice Marta mientras se levanta–. Voy a volver a la oficina de Paulina. Olga sabe que es **peligroso** para Marta.

–Espera, Marta, voy contigo. Es mejor si vamos las dos juntas.

–Sí, es mejor –dice Marta **acordándose de** la furgoneta.

Ejercicio 5: Formas del verbo. Lesen Sie weiter und setzen die korrekte Verbform im Präsens ein!

Marta y Olga **1. estar** _____ en el autobús de camino a la Oficina de Protección para las Mujeres.

2. Haber _____ muchos carros y

3. necesitar _____ más tiempo de lo normal.

A esa hora hay mucha gente por la calle, **4. ser**

_____ por la mañana.

Marta **5. pensar** _____ en el **intento** de **se-cuestro**. No **6. saber** _____ quién quiere secuestrarla o matarla, pero piensa que tiene que ver con Paulina.

Marta ha tenido mucho estrés en los últimos días, ha llora-do mucho y ahora ya no tiene miedo. Se siente más fuerte y quiere saber quién **está detrás de** esta historia.

Los carros se mueven despacio. Al fondo de la calle se ve una luz azul ⓘ. Un carro de policía controla el **tráfico**. Marta **intenta** ver qué ocurre. De repente se oye una sirena. Es una **ambulancia** que quiere **adelantar**.

–Vamos, vamos –dice Olga mientras se levanta.

–¿Por qué? ¿Qué pasa?

–Vamos caminando, seguramente hay un **accidente**, ¡vamos!

Las dos chicas caminan por la ciudad.

> Farben werden nur dekliniert, wenn sie auf **-o** oder **-a** enden. Ausnahmen sind jedoch **rosa**, **naranja** und **lila** – sie bleiben unverändert:
> una casa **azul** / un carro **azul**
> una casa **roja** / un carro **rojo**
> una casa **naranja** / un carro **naranja**.

Miran con atención a su alrededor. Van por calles grandes y con mucha gente. Llegan a la Oficina de Paulina.

Todo está como hace un par de días. Nadie **ha vuelto** por allá.

–Vamos a hablar con la vecina –dice Marta mientras se acerca a la puerta de al lado. Llama al timbre. Se oye **ruido** dentro de la casa.

"No quieren abrir", piensa Marta. Las personas no quieren hablar sobre temas que las pueden poner en peligro.

tráfico *m*	Verkehr
intentar	versuchen
ambulancia *f*	Krankenwagen
adelantar	*hier*: überholen
accidente *m*	Unfall
volver *irr*	zurückkommen
ruido *m*	Geräusch
salón *m*	*hier*: Wohnzimmer

Por fin Marta ve a la misma mujer de la última vez. Abre la puerta.

–Pasad dentro –dice la mujer rápidamente.

Dentro de la casa van al **salón**, se oye la televisión.

–Gracias, señora –dice Marta.

La señora mira a Olga preguntándose quién es.

–Ella es Olga, una amiga mía, trabaja también con mujeres, como Paulina.

–Encantada, señora –dice Olga amablemente.

–Bueno, supongo que ya sabe por qué estamos acá.

La mujer mira hacia abajo. Después mira a Marta.

–Yo no sé qué ha pasado con Paulina. Este es un sitio muy peligroso para muchas mujeres, pero sobre todo para una mujer como ella...

–Por eso necesitamos su ayuda. Cualquier informa-ción nos puede servir mucho –dice Marta.

–Ya les he dicho todo lo que sé...

–¿Puede decirnos con deta-lle lo que ha visto?

encantado	sehr erfreut
amablemente	freundlich, höflich
sobre todo	vor allem
con detalle	genau, im Detail
atento	aufmerksam

–Claro, tengo muy buena memoria –dice la mujer mientras cierra los ojos– Bueno, los sábados estoy siempre sola en casa. El pasado sábado –continúa la mujer–, qué calor... Lo recuerdo tan bien que parece que está pasando ahora. Hace calor, yo estoy tan cansada que voy a dormir la sies-ta. A esas horas no hay nadie por la calle, usted sabe, hace mucho calor...

–Sí, claro –responde atenta Marta.

–Entonces, yo estoy en el dormitorio y de repente oigo el ruido de un motor. Miro por la ventana y veo que una fur-goneta azul sale a toda prisa –aclara la mujer.

–¿Está segura de que es azul? –pregunta Marta nerviosa. La mujer **se queda** callada unos segundos.

–Sí, sí, segurísima  –responde la mujer.

"Es la misma furgoneta que intentó secuestrarme", piensa Marta.

> Der **Superlativ**, also die höchste Steigerungsform eines Adjektivs, wird in der Regel mit dem Suffix **-ísimo/-ísima** gebildet. Beachte dabei das Genus: *segura - segurísima, seguro - segurísimo.*

–¿Sabe el número de la **matrícula**? –pregunta Marta.

–No, no me acuerdo del número exactamente, pero sé que es de Petén, la furgoneta es de Petén seguro.

–¿Y puede ver a alguien? –pregunta Olga.

–Veo a dos hombres que se suben a la furgoneta –contesta la mujer todavía con los ojos cerrados.

–¿Y cómo son?

–Altos, morenos, **bien vestidos**.

–¿Algo más?

–Eso es todo –dice la mujer **suspirando**–. ¿Dónde está Paulina? ¿Qué piensan ustedes?

Olga y Marta se quedan en **silencio**.

quedarse	bleiben
matrícula *f*	*hier*: Autokennzeichnen
bien vestido	gut gekleidet
suspirar	seufzen
silencio *m*	*hier*: Schweigen
relacionado con	in Verbindung mit

La información de la vecina es de gran importancia y Olga cree que tienen que hacer algo más.

–Señora –comienza a hablar Olga–, nosotras también estamos muy preocupadas por Paulina. ¿Ha pensado en hablar con la policía sobre el tema?

–Sí, lo he pensado. Pero realmente yo no he visto nada más que una furgoneta. No he visto a Paulina.

–La policía está buscando a Paulina, si usted sabe algo relacionado con el tema puede ser muy útil –dice Marta.

–¿Usted cree? –pregunta la mujer insegura.

–Sí, es muy importante –dice Olga.

–Bueno, voy a pensarlo.

–Está bien –dice Marta–, muchísimas gracias por su ayuda.

Ejercicio 6: Definiciones. Ordnen Sie den Begriffen die passende Definition zu!

1. ☐ la furgoneta   **a)** sonido

2. ☐ la televisión   **b)** vehículo que sirve para transportar cosas

3. ☐ la ventana   **c)** órgano del cuerpo que sirve para ver

4. ☐ el ojo   **d)** aparato donde pueden verse películas, series, informativos, documentales, etc.

5. ☐ el ruido   **e)** cuadrado en la pared por donde entra luz y aire

–Sí, muchísimas gracias –dice Olga a la vez.

–Ya, **tengan cuidado**.

–Ya, gracias. ¡Adiós, señora! –se despiden Olga y Marta.

–¡Adiós! –responde la mujer. Marta y Olga vuelven a casa de Olga. Las dos toman un té y hablan de la información de la vecina.

tener *irr* **cuidado**	aufpassen
sensación *f*	Gefühl
dar *irr* **la razón a alguien**	jmd. Recht geben
colgar *irr*	auflegen (Telefon)
pensativo	nachdenklich

–Olga, yo tengo la **sensación** de que la persona o las personas que me han amenazado conocen también a Paulina.

–¿Por qué? –pregunta Olga sin entender qué quiere decir su amiga.

–La furgoneta eraⁱ azul también...

Era ist die Vergangenheitsform (**Pretérito imperfecto**) des Verbes **ser**. Das Imperfecto wird u. a. für Beschreibungen benutzt oder um Begleitumstände in der Vergangenheit zu veranschaulichen. Es wird wie folgt gebildet: *yo* **era**, *tú* **eras**, *él/ella/usted* **era**, *nosotros/nosotras* **éramos**, *vosotros/vosotras* **erais**, *ellos/ellas/ustedes* **eran**.

–Ya, Marta, pero, ¿cuántas furgonetas azules hay en la ciudad?

–Sí, lo sé –Marta le **da la razón a** su amiga–. Es sólo una sensación.

El teléfono de Olga suena. Es la ONG donde trabaja.

–¿Y? ¿Se sabe algo más? –pregunta Marta cuando Olga **cuelga** el teléfono.

–No, nada –dice Olga **pensativa**–. Marta, ahora tengo que irme a trabajar, vuelvo por la noche.

–Está bien, yo creo que voy a estar en casa todo el día. Pero quiero ir en algún momento a la escuela.

–Pero hoy no puedo ir contigo –responde Olga.

–No pasa nada, no puedo estar siempre escondida. Además, en el barrio de la escuela me conoce mucha gente, no va a pasar nada.

–Entonces, vamos juntas ahora, tomamos el autobús hasta la Plaza Mayor y después cada una se va por su camino.

–Está bien –dice Marta.

escondido	versteckt
barrio *m*	Stadtviertel
alegrarse de	sich freuen auf/ über
susto *m*	Schreck
sonreír *irr*	lächeln

Marta lleva unos días sin ir a trabajar. Se alegra de volver a la escuela.

–Marta, ¿cómo estás? –le pregunta la directora cuando la ve.

–Bien, bien, ahora estoy bien.

–No puedo creer lo que te ha pasado...

–Sólo ha sido un susto, estoy bien, de verdad. ¿Y por la escuela? ¿Todo bien? –pregunta Marta sonriendo.

–Sí, sí, acá todo como siempre.

–¿Y mi clase? ¿Están todas y todos bien?

–Déjame pensar, sí, creo que sí. ¡Ah! Esta niña... mmm... ¿cómo se llama? Espera mientras busco su nombre.

–¿Quién?

–Ajá, acá está. Lucía no viene a la escuela desde hace un par de días. Creo que su madre ha llamado, dice que la niña no va a volver a la escuela.

–¿Cómo? ¿Qué ha dicho exactamente? –pregunta Marta rápidamente.

–No lo sé, creo que no ha dado más información.

–¿Alguien ha hablado personalmente con los padres?

–No, de momento, no –responde la directora–. Dos profesoras están ahora **enfermas** y tenemos tanto trabajo que nadie ha podido ir a su casa.

enfermo	krank
bienvenido	willkommen
decidido	entschlossen, entschieden
puerta *f* de atrás	Hintertür
de fondo	*hier*: im Hintergrund
esconderse	sich verstecken
pared *f*	Wand
fuera de sí	außer sich
golpear	schlagen
alrededor	ringsherum

–Está bien, voy yo a su casa. Sé dónde viven.

–Marta, es mejor si te vas a casa y descansas, ¿no crees?

–Estoy bien, de verdad, pero la pequeña Lucía me preocupa...

> **Volver + a + Infinitiv** bedeutet, etwas wieder zu machen. *Marta vuelve a trabajar en la escuela la semana próxima.* - Marta arbeitet nächste Woche wieder in der Schule.

–Como tú quieras, Marta.

–Igualmente pienso que en unos días vuelvo a trabajar[i], ¿qué te parece?

–Ya sabes, acá tenemos mucho trabajo y siempre eres **bienvenida**, pero es mejor si descansas. Tómate tu tiempo –responde la directora.

Marta se va de la escuela después de despedirse de algunas alumnas y alumnos. Está **decidida** a ir a casa de Lucía.

Ejercicio 7: Completar. Lesen Sie weiter und ergänzen Sie die fehlenden Wörter!

a	dentro	tras	hacia	dentro	~~cerca~~

Ya está **1.** *cerca* de la casa de Lucía. Hay luz

2. _____ de la casa, pero antes de entrar Marta

quiere saber quién hay dentro. Así que va **3.** _____

la **puerta de atrás**. Marta oye una discusión y la televisión

de fondo. Elías está gritando. Marta se acerca

4. _____ la ventana. **Se esconde 5.** _____

la **pared**. Mira **6.** _____ de la casa. Elías y Rosa

Amelia están discutiendo.

Elías está **fuera de sí**. **Golpea** todo lo que ve a su **alrededor**. Rosa Amelia intenta hablar con él tranquilamente. Marta se pregunta dónde está Lucía. Busca con la mirada, pero no consigue verla. Cuando Marta vuelve a mirar, ve a Elías golpeando a Rosa Amelia.

"¡Nooo!", Marta no sabe cómo actuar. "¿Qué puedo hacer?", piensa.

Busca su celular[i]. Marca nerviosa.

Celular ist in Lateinamerika die Bezeichnung für „Handy". Im europäischen Spanisch wird **móvil** benutzt.

–Buenas tardes –contesta una voz masculina al otro lado.

–Buenas tardes –dice Marta **en un hilo de voz**–. No hay tiempo, necesito ayuda, estoy en la Calle del Lirio, 28 de La Libertad. Hay una **pelea** acá, ¡tienen que venir **urgentemente**! Marta espera unos minutos a la policía, pero no quiere quedarse fuera de la casa sin hacer nada para **evitar** la pelea. Así que decide entrar a la casa e intentar ayudar a Rosa Amelia. Llama al timbre. Nadie abre. Marta golpea la puerta.

en un hilo de voz *fig*	mit dünner Stimme
pelea *f*	Schlägerei
urgentemente	dringend
evitar	vermeiden
¡Fuera!	Raus (hier)!
agarrar	kräftig festhalten
empujar	*hier*: stoßen
paso *m*	Schritt
dichoso	*hier*: verdammt
mentir *irr*	(an)lügen

–¿Qué quiere? **¡Fuera!** –grita Elías mientras cierra la puerta.

Marta **agarra** la puerta y la **empuja** intentando abrirla.

–¡Ahora mismo he llamado a la policía! –grita Marta.

–¡Váyase! ¡Fuera de acá! –repite Elías.

–¡No! –grita Marta mientras abre la puerta. Elías da un **paso** hacia atrás y Marta consigue entrar en la casa.

–**Dichosas** mujeres, me voy al bar… –dice Elías mientras sale por la puerta.

Por fin Marta puede acercarse a Rosa Amelia.

–¿Está bien? –le pregunta Marta.

–Sí, señorita –**miente** Rosa Amelia.

Rosa Amelia está **herida**. Marta limpia un poco de **sangre** que sale de la nariz de Rosa Amelia. Ésta comienza a llorar.

–Ya pasó, ya está bien... –intenta tranquilizarla Marta.

–¿Y Lucía? ¿Dónde está? –pregunta Marta preocupada.

–¡Lucía! ¡Lucía! –grita Marta por la casa.

Llega a una habitación pequeña. Allá ve a Lucía sentada en el suelo, en un **rincón**.

–Lucía, mi niña… –le dice Marta **cariñosamente**.

Marta la abraza, parece que la niña está bien, sólo muy asustada. Marta la toma de

herido	verletzt
sangre *f*	Blut
rincón *m*	Ecke
cariñosamente	liebevoll

la mano y la lleva a la habitación donde está su madre.

–Rosa Amelia, esto no puede seguir así –dice Marta mirando a la niña.

–Ya sé, señorita, ya sé...

Ejercicio 8: Sopa de letras. In diesem Gitternetz sind sieben Adjektive aus dem Text versteckt. Welche sind es?

T	R	A	N	Q	U	I	L	O	P	R
A	M	S	U	V	Z	I	O	P	H	E
L	P	U	B	A	S	C	M	F	Ñ	A
D	E	S	C	O	N	F	I	A	D	A
T	Q	T	U	D	F	A	G	C	Y	T
R	U	A	D	I	F	Í	C	I	L	O
U	E	D	O	Y	J	F	Á	C	I	L
I	Ñ	A	T	U	L	E	R	C	N	P
O	A	L	N	E	R	V	I	O	S	O

–Entiendo que es difícil, pero usted no está sola, tiene el apoyo de muchas personas.

Rosa Amelia mira a Marta un poco **desconfiada**.

–No es tan fácil, señorita, ¿a dónde voy a ir yo con mi hijita[i]?

–Hay varias ONG que le pueden ayudar, la Oficina de Protección de Mujeres, además tiene el apoyo de la Justicia y de la policía. Usted no está sola –le dice Marta mirándole a los ojos.

> Mit dem **Suffix -ita/-ito** drückt man eine Verkleinerung oder Verniedlichung aus. Das Suffix **-illo/-illa** wird zwar auch in diesem Sinn benutzt, jedoch kann es nicht an jedes Wort angehängt werden. Man sagt **hijita**, aber nicht **hijilla**. Möglich sind dagegen **librito** und **librillo**.

–Ay, señorita, ¿qué vamos a hacer?

–De momento, vamos a esperar. La policía está de camino.

–¿Ha dicho que viene la policía? ¿Usted ha llamado a la policía? –pregunta Rosa Amelia nerviosa.

| desconfiado | argwöhnisch |
| grito *m* | Schrei |

–Sí, claro, he oído los **gritos** y he pensado en llamar a la policía –aclara Marta.

–Señorita, tiene que irse de acá –dice Rosa Amelia mientras acompaña a Marta a la puerta.

–¿Cómo? ¿Por qué? ¿Qué ocurre?

–Adiós, señorita, tenga cuidado.

La búsqueda

Marta se aleja de la casa de Rosa Amelia. Camina lentamente por la calle. Se siente triste e **impotente** tras la escena que ha visto. Piensa en Paulina, ella sabe qué hacer en una situación así. El teléfono de Marta suena. En la **pantalla** aparece "número **desconocido**".

> Statt **Hola** oder **Sí** sagt man üblicherweise **Diga**, wenn man ans Telefon geht oder die Gegensprechanlage an der Haustür benutzt. Es bedeutet trotzdem soviel wie „Ja, hallo".

–¿Diga?[i] –contesta Marta nerviosa.

–Hola, Marta –responde una voz masculina.

–¿Quién es? –pregunta Marta aún más nerviosa.

–Soy Víctor.

–¡Víctor! Dime, ¿hay nuevas noticias? –pregunta Marta pensando en Paulina.

–¿A qué te refieres? –pregunta el jefe de la policía.

–¿No se sabe nada más sobre Paulina? –pregunta Marta con **esperanza**.

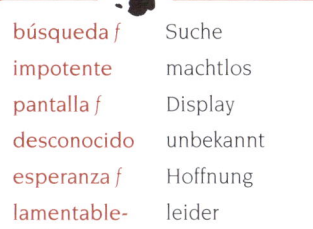

búsqueda f	Suche
impotente	machtlos
pantalla f	Display
desconocido	unbekannt
esperanza f	Hoffnung
lamentable-mente	leider

–No, **lamentablemente** no sabemos nada sobre ella.

Un silencio se hace entre los dos.

–Pero, ¿has llamado a la policía? –pregunta Víctor–. ¿Qué ocurre?

–Sí, sí, os he llamado... Pero ya no se puede hacer nada.

–¿Qué es lo que ha pasado? –pregunta Víctor con **curiosidad**.

Marta se pregunta si tiene **sentido** contarle a Víctor lo que ha ocurrido en casa de Rosa Amelia y Elías.

–Bueno, he estado en casa de Rosa Amelia y Elías... –comienza Marta–, y, bueno, no sé si ustedes pueden hacer algo...

Marta no puede evitar llorar mientras escucha sus propias palabras. Siente que lucha contra un **molino** gigante.

–Marta, ¿estás bien? –pregunta Víctor preocupado.

–¿Eh? Sí, sí...

–Mira, puedo ir ahora mismo a casa de Rosa Amelia y Elías, ¿qué te parece?

curiosidad *f*	Neugier
sentido *m*	Sinn
molino *m*	Mühle
respirar	atmen
recuperar	wiedererlangen
aliento *m*	Atem
llave *f*	Schlüssel
denunciar	anzeigen
marido *m*	Ehemann

En ese momento Marta ve a lo lejos a Rosa Amelia. Viene corriendo hacia ella.

–Víctor, mira, ahora no puedo hablar, lo siento. Adiós.

Marta cuelga el teléfono.

–¡Señorita! –grita Rosa Amelia.

–¿Qué ocurre? –pregunta Marta con preocupación.

Rosa Amelia no puede casi **respirar**.

–¿Está bien, Rosa Amelia? –pregunta de nuevo Marta.

–Sí, señorita –dice Rosa Amelia **recuperando** el **aliento**.

–Tranquila, siéntese acá.

–No, acá no podemos hablar –dice Rosa Amelia–. Vamos a mi casa.

Ejercicio 9: Errores. Lesen Sie weiter und korrigieren Sie die vier Fehler im folgenden Absatz!

Marta acepta y las dos mujeres comenzan a caminar. No están mucho lejos de la casa. Cuando llegan, Rosa Amelia cierra la puerta con **llave**. Marta le mira sin entender qué le occurre. Quizá quiere **denunciar** a Elías, piensa Marta. Las dos se sientan. Rosa Amelia está un poco más tranqilo.

1. *comienzan* 3. _____

2. _____ 4. _____

–¡Ay, Dios mío! [i] –se lamenta Rosa Amelia.

–Tranquila, Rosa Amelia. ¿Quiere contarme algo sobre su **marido**?

–No, no, quiero decir, sí... –duda Rosa Amelia.

–¿Cómo?

–Señorita, creo que sé algo sobre Paulina.

> Ausrufe wie **¡Dios mío!** oder **¡Por Dios!**, die ganz offensichtlich einen religiösen Hintergrund haben, sind in aller Munde, wenn es darum geht, Überraschung, Enttäuschung oder Empörung auszudrücken. Profane Ausdrücke, die dieselbe Bedeutung haben, sind z. B. **¡Madre mía!**, **¡Caray!** oder **¡Caramba!**

Marta **pega un salto** en la silla.

–¿Cómo? ¿Sabe algo de Paulina? –dice Marta casi gritando–. ¿Dónde está? ¿Está bien?

–Ay, señorita, qué **desgracia**...

pegar un salto	aufspringen
desgracia *f*	Unglück
contar *irr* con	rechnen mit, zählen auf
a menudo	oft
interrumpir	unterbrechen
terror *m*	panische Angst

Marta piensa en lo peor.

–¿Qué? ¿Qué le ha pasado a Paulina?

Rosa Amelia toma aire.

–Creo que sé dónde puede estar –dice finalmente.

–¿Usted sabe dónde puede estar? –dice Marta sin poder creerlo.

–Sí, señorita, es horrible...

–Tenemos que llamar ahora mismo a la policía –dice Marta.

–No, no, ¡eso es imposible! –grita Rosa Amelia fuera de sí.

–¿Por qué?

–No podemos **contar con** la policía.

–¡No entiendo nada! –responde Marta.

–Está bien, le voy a contar todo desde el principio: Elías y su primo Víctor se han visto muy **a menudo** en los últimos meses. Siempre han tenido una buena relación, pero yo he notado que pasaba algo raro últimamente...

> Das Adjektiv steht im Spanischen zumeist hinter dem Substantiv. Vorangestellt, wird die Eigenschaft besonders betont. Stark vertreten sind sie deshalb in der Literatur sowie in der Werbung. Beachte: Steht **bueno** vor dem Substantiv, entfällt das -o.
>
> tener una **buena** relación
> tener un **buen** precio

–¿Víctor? ¿Es el mismo que trabaja en la policía? –**interrumpe** Marta.

–Sí, exactamente, el mismo –responde Rosa Amelia.

Marta piensa en la conversación que ha tenido con Víctor.

–¡Oh, no! –grita Marta–. Antes, cuando he visto la pelea, he llamado a la policía. Después me ha llamado Víctor y me ha dicho que viene acá...

Rosa Amelia mira a Marta con terror. Las dos mujeres están en peligro.

Ejercicio 10: Corrección. Welcher Satz ist korrekt? Kreuzen Sie an!

1. ☒ **a)** No sé dónde puede estar.

   ☐ **b)** No sabo dónde puede estar.

2. ☐ **a)** Elías y su primo se ha visto a menudo últimamente.

   ☐ **b)** Elías y su primo se han visto a menudo últimamente.

3. ☐ **a)** Ahora tenemos irnos.

   ☐ **b)** Ahora tenemos que irnos.

4. ☐ **a)** Rosa Amelia comienza a hablar.

   ☐ **b)** Rosa Amelia comienza de hablar.

5. ☐ **a)** Marta piensa a la conversación que ha tenido.

   ☐ **b)** Marta piensa en la conversación que ha tenido.

–Tenemos que irnos ahora mismo –dice Rosa Amelia muy nerviosa.

–¿Qué pasa entonces con Víctor?

–Yo le cuento ahora mismo, pero tenemos que irnos –insiste Rosa Amelia mientras toma las llaves de casa–. Pero, ¿adónde?

–Conozco a alguien que seguro que nos ayuda –dice Marta pensando en Olga.

Cuando llegan a la ONG saludan a Olga. Las tres van a una **salita** donde pueden estar solas. Rosa Amelia comienza a hablar.

–Hace unos días noto que algo raro pasa en casa. Víctor y Elías se ven muy a menudo, aunque siempre han tenido una buena relación, mi intuición me dice que algo malo **traman**. Este fin de semana **se han comportado** de una manera extraña, han hablado sobre una mujer, una furgoneta...

Marta suspira. Recuerda la furgoneta azul, el intento de secuestro.

–Este sábado Elías se ha ido

salita *f*	kleines Zimmer
tramar	etw. im Schilde führen
comportarse	sich verhalten
abandonado	verlassen
regresar	zurückkehren
borracho	betrunken
sucio	schmutzig
lavar	waschen
ropa *f*	Kleidung

muy temprano de casa y eso es muy extraño... Así que, en ese momento, lo he seguido. En la calle he visto que se ha encontrado con Víctor. Me he acercado a ellos y he oído que han dicho algo sobre un lugar escondido, una casa **abandonada**, cerca de la Laguna Perdida. Esa noche Elías

ha regresado totalmente **borracho** y **sucio**. No ha querido hablar conmigo ⓘ. Directamente ha tomado una ducha y ha **lavado** su propia **ropa**. Esto me extraña mucho, pues nunca le he visto lavando su ropa. Al día siguiente, en el mercado, me ha dicho una mujer que otra mujer ha desaparecido, esta vez, Paulina. Yo no la conozco. Cuando vuelvo a casa, veo que en la ropa de Elías hay sangre.

Conmigo und **contigo** sind unregelmäßig und die einzigen Formen, die zusammengeschrieben werden. Kombinationen von Präpositionen mit anderen Pronomen werden getrennt geschrieben: **con él, con ella, con nosotras, con vosotros, con ustedes** etc.

–¿Qué? –pregunta Marta sin poder creer lo que Rosa Amelia está contando.

–Creo que ellos han secuestrado a Paulina, pero no sé que han hecho con ella –dice Rosa Amelia con la mirada perdida.

–¡Ay, Dios mío! ¿Y sabe dónde puede estar Paulina? –pregunta Marta con un hilo de voz.

En ese momento suena el teléfono de Marta. Las tres mujeres miran el teléfono asustadas. En la pantalla aparece de nuevo "número desconocido".

–¿Quién puede ser? –pregunta Rosa Amelia muy nerviosa.

–No lo sé –dice Marta–, pero puede ser Víctor...

Las tres se miran sin decir una palabra. El miedo se siente en el ambiente. Marta apaga el celular y lo deja encima de la mesa, sabe que la policía la puede encontrar fácilmente si tiene el teléfono a su lado.

Sin perder un segundo las tres toman un carro de una compañera de Olga para buscar a Paulina. Rosa Amelia le explica a Olga que tienen que salir de la ciudad. Se dirigen al nordeste de Guatemala.

–Tiene que ser por acá, la carretera que va hacia la Laguna Perdida –dice Rosa Amelia.

No hay muchas casas por allá, sobre todo hay huertos. Dejan la carretera de lado y toman un camino. Ven varias casas, pero ninguna abandonada.

–Es como buscar una aguja en un pajar[i] –dice Olga.

–Estoy segura de que es este camino, pues la carretera que lleva a la Laguna Perdida es nueva, allá no hay ninguna casa abandonada –dice Rosa Amelia.

> Sprichwörter und Redewendungen machen die gesprochene Sprache noch lebendiger, können aber auch – wenn man sie wortwörtlich nimmt – zu Missverständnissen führen. Der Ausspruch **Es como buscar una aguja en un pajar** hat bildlich gesehen viel Ähnlichkeit mit der deutschen Variante „eine Stecknadel im Heuhaufen suchen".

Ejercicio 11: Vocabulario. Welches Wort ist das „schwarze Schaf"? Unterstreichen Sie!

1. furgoneta   carro   <u>aeropuerto</u>   autobús

2. televisión   palabra   letra   vocal

3. teléfono   ordenador   trabajo   radio

4. casa   salón   cocina   dormitorio

5. callado   grito   tranquilo   silencio

–Entonces, vamos a seguir buscando por este camino –propone Marta.

Siguen por el camino hasta que llegan a un cruce donde comienzan dos caminos.

–¿Y ahora qué? –pregunta Olga.

–Vamos a ir por este camino, el de la derecha. Es más ancho, creo que por el otro no puede pasar una furgoneta.

Toman ese camino. Tras diez minutos ven una casa.

–¡Allá puede ser! –dice Rosa Amelia.

La **tensión crece** según se acercan a la casa. Se bajan del carro. Un pequeño **tramo de escaleras** conduce a la puerta principal. Las tres se miran. Están en absoluto

huerto *m*	Gemüsegarten
aguja *f*	Nadel
pajar *m*	Scheune
proponer *irr*	vorschlagen
tensión *f*	Spannung
crecer *irr*	*hier*: steigen
tramo *m* de escaleras	Treppenab-schnitt
pasillo *m*	Gang
decepcionado	enttäuscht

silencio. Marta abre la puerta, no está cerrada con llave. Oye ruido dentro.

–¿Hola? –dice Marta.

–¿Quién es? –pregunta una voz femenina. Una mujer aparece por el **pasillo**. No es Paulina.

–Perdone, nos hemos equivocado... –dice Marta **decepcionada**.

–¿Qué es lo que buscan? –pregunta la mujer.

–Estamos buscando una casa en esta zona –responde Rosa Amelia.

–¿Quién vive allá? ¿A quién buscan?

Ejercicio 12: Crucigrama. Lösen Sie das Kreuzworträtsel!

Waagerecht:

1. Por donde circulan carros o coches, autobuses, etc.

3. Cuando nadie habla, hay un ...

6. Persona (*f*) que quieres y en la que confías.

Senkrecht:

2. Es de tierra y es por donde caminan sobre todo personas.

4. Donde se cruzan dos caminos.

5. Lugar donde vive normalmente la gente.

Unos segundos se quedan calladas. ¿Qué le pueden decir a esta mujer? No saben si confiar en ella.

–Ahora ya no vive nadie allá –responde Rosa Amelia–. Queremos ver el estado de la casa, pues en esa casa han vivido parientes míos...

–Ah, ahora entiendo –dice la mujer–. Vamos a ver... Una casa en la que no vive nadie... Si siguen por este camino verán varias casas, pero en todas vive alguien.

Las tres se miran desesperadas. Así no van a encontrar nunca a Paulina.

–Ah, pero quizá en el camino que lleva al río –dice la mujer–, allá hay una casa que desde hace más de diez años está abandonada. Está bastante escondida... Desde el camino principal tienen que tomar el segundo desvío a la derecha. No hay ningún cartel. Antes de llegar al final está la casa, apenas se puede ver, pues la naturaleza ha cubierto la entrada de la casa. ¿Puede ser esa casa?

–¡Sí, tiene que ser esa casa! –dice Marta con esperanza.

Se despiden de la mujer y se dirigen hacia allá. En el último cruce, deciden aparcar el carro tras unos árboles y seguir el camino a pie. Caminan en silencio.

–¡Allá, allá! –dice Olga señalando hacia unos árboles.

confiar en	vertrauen (auf)
pariente *m/f*	Verwandte(r)
desvío *m*	Abzweig
cartel *m*	Schild
apenas	kaum
cubrir *irr*	bedecken
a pie	zu Fuß
trozo *m*	Stück
verja *f*	Zaun
trepar	klettern
vigilar	*hier*: Wache halten, aufpassen
tejado *m*	Dach
caer *irr*	herunterfallen
asomarse	*hier*: hineinschauen

Apenas se ve un trozo de la fachada de una casa pequeña. Ya no hay camino, sólo naturaleza. Llegan a una verja, la puerta está cerrada. Marta y Olga trepan por la verja. Rosa Amelia se queda fuera vigilando, por si aparece alguien. Marta y Olga cruzan rápidamente el jardín. La casa está realmente abandonada. Una parte del tejado se ha caído. Van hacia la parte de atrás. Se asoman por la ventana. No hay nadie dentro. Todas las puertas están cerradas. No quieren hacer ruido, pues puede venir alguien en cualquier momento. Ven una pequeña ventana, dentro hay un sótano. Parece vacío.

–¿Entramos por acá? –pregunta Marta en voz baja.

Olga afirma con la cabeza. Busca una piedra. Entre las dos toman una grande y rompen la ventana. Entran con cuidado. La casa está llena de polvo y algunos trastos. Caminan por la casa. Ven una puerta, intentan abrirla, pero no pueden. De repente oyen un ruido. Las dos se miran. Sienten que sus corazones se paran por un momento. El ruido viene de dentro de la habitación. Se acercan de nuevo a la puerta. Marta mira por el agujero de la cerradura.

sótano *m*	Keller
vacío	leer
afirmar	bejahen
piedra *f*	Stein
romper	*hier*: einschlagen
polvo *m*	Staub
trasto *m*	Zeug, Gerümpel
pararse	stehen bleiben
agujero *m*	Loch
cerradura *f*	Türschloss
ahogado	erstickt (Stimme)
murmullo *m*	Geflüster

–No se ve nada –dice Marta en voz baja.

Oyen otro ruido. Viene de la misma habitación. Es como un grito ahogado, parece alguien que quiere hablar y no puede. Marta y Olga se miran.

–¿Paulina? –pregunta Marta con miedo.

Sólo escuchan un murmullo.

–¿Paulina? ¿Eres tú? –pregunta Olga.

Otro ruido sale de la habitación.

–¡Tiene que ser ella! –dice Olga.

Entre las dos intentan abrir la puerta. Para ello tienen que romper la cerradura. Golpean la cerradura hasta que se cae. Por fin se abre la puerta. Un olor horrible sale de la habitación. En la oscuridad consiguen ver una figura. Es una mujer. Está sentada en una silla, amordazada y con un trapo en la boca. Marta se acerca a ella, finalmente la reconoce.

amordazado	geknebelt
trapo *m*	Lumpen
reconocer *irr*	*hier*: erkennen
alegría *f*	Freude
por suerte	zum Glück
avisar	Bescheid geben
maltrato *m*	Misshandlung
cárcel *f*	Gefängnis

–¡Paulina! –grita Marta corriendo hacia ella.

Entre las dos le quitan el trapo de la boca.

–¡Marta! ¡Olga! –dice Paulina con inmensa alegría. Las tres se abrazan.

Paulina está herida, tiene sangre en la cara.

–¿Estás bien? ¿Puedes caminar? –pregunta Olga a Paulina.

–Sí, sí, vamos de acá, ¡deprisa!

Cuando salen de la casa ven a Rosa Amelia esperando. Por suerte no ha venido nadie. No pueden volver a La Libertad. Olga llama a un compañero de la ONG que en seguida avisa a la policía de otros departamentos. Esa noche duermen en otra ciudad, donde están seguras.

En La Libertad nada ha vuelto a ser lo mismo. Rosa Amelia ha denunciado a Elías por maltrato. Víctor y Elías están en la cárcel. Varios medios han publicado la noticia del secuestro de Paulina quien ha conseguido modificar la ley.

Test final

Ejercicio 1: Verdadero o falso. Kreuzen Sie die richtige Antwort an!

1. Jaime empuja a Sergio por la pista. ☐

2. Sergio coge el dinero del cajón. ☐

3. Lucía no entiende el mensaje de Sergio. ☐

4. Todos van a ver a Sergio al hospital. ☐

5. La enfermera les deja pasar porque son amigos

    de Sergio. ☐

Ejercicio 2: Preposiciones. Entscheiden Sie, ob die folgenden Sätze die Präposition „a" benötigen!

1. A / - Sergio no le gusta esquiar.

2. Un desconocido llama a / - Sergio por teléfono.

3. Juan e Irene buscan a / - pruebas en las pistas.

4. Los chicos ven a / - una raqueta de nieve.

5. Los amigos suben a / - la habitación de Sergio.

Ejercicio 3: Verdadero o falso. Finden Sie die richtige Antwort und entschlüsseln Sie das Lösungswort!

Ⓥ Ⓕ

1. Carlos conoce al asesino de su padre.   S   T

2. Los compañeros de Cuevas creen que el
   inspector es inocente.   E   U

3. Cuevas llama a su mujer desde la comisaría.   A   E

4. Carlos aparece muerto.   Ñ   R

5. El juez Ruiz existe de verdad.   I   O

   Lösung: ___ ___ ___ ___ ___

Ejercicio 4: Hay, ser, estar. Wählen Sie das passende Verb und konjugieren Sie es, wenn nötig!

1. Ricardo Cuevas y Pilar _____ casados.

2. En Pedro Antonio de Alarcón _____ muchos pubs.

3. A las cinco de la tarde los bares _____ cerrados.

4. Los bares implicados en la trama _____ El 16, La música, El tiempo.

5. En el todoterreno _____ una pistola, papeles y ropa vieja.

6. La pistola _____ debajo del asiento.

Ejercicio 5: Traducción. Übersetzen Sie folgende Sätze!

1. Ich glaube, wir können nichts mehr machen.

_____

2. Die Polizei sucht gerade Paulina.

_____

3. In jedem Moment kann jemand kommen.

_____

4. Es tut mir leid, ich darf nicht darüber reden.

_____

Ejercicio 6: Comprensión. Beantworten Sie die Fragen zum Text!

1. ¿A qué se dedica Paulina?

_____

2. ¿Por qué buscan las tres mujeres una casa abandonada?

_____

_____

3. ¿Quiénes son los responsables de la desaparición de Paulina?

_____

 **Soluciones**

Ataque en la montaña

Ejercicio 1: 1. es 2. Es 3. son 4. está 5. están

Ejercicio 2: 2 –¿Sergio Casado? 4 –Me conoces y me debes mucho dinero. Mis amigos y yo nos estamos cansando de esperar. 5 –Os voy a pagar, os lo prometo. Sólo necesito un poco de tiempo, por favor. 3 –Sí, soy yo, ¿quién es usted? 1 –¿Diga?

Ejercicio 3: 1. falso (Sergio y Jaime son hermanos.) 2. verdadero 3. verdadero 4. falso (Son amigos desde niños.) 5. verdadero

Ejercicio 4: 1. invierno 2. mucho 3. nieva 4. febrero 5. Alemania

Ejercicio 5: 1. montaña 2. esquiar 3. amigos 4. cabaña 5. llamada

Ejercicio 6: 1. a 2. en, con 3. en 4. bajo 5. a, sobre

Ejercicio 7: 1. ¡Qué calor! 2. Todos los días como a las dos de la tarde. 3. ¿Quién es esa chica? 4. Cuando llama mi hermano, mi madre siempre le pregunta, ¿cuándo vienes? 5. Siempre que te veo estás hablando por teléfono.

Ejercicio 8: 1. Hola, ¿qué tal? ¿Quedamos mañana para ir al cine? 2. ¡Hola! No estoy en Madrid, estoy con unos amigos esquiando. Vuelvo el martes. 3. Ah, ¡qué bien! ¿Y qué planes tienes para el fin de semana que viene? ¡Es mi cumpleaños y voy a dar una fiesta! **4.** ¡Genial! ¡Nos vemos en tu fiesta! Saludos desde Formigal. Besos. **5.** ¡Muchos besos! ¡Pásalo bien!

Ejercicio 9: **1.** Jaime quiere trabajar solo. **2.** Sergio se despierta. **3.** A Sergio le duele la cabeza. **4.** Los hermanos van a trabajar juntos.

Una siesta fatal

Ejercicio 1: **1.** cena **2.** silla **3.** patata **4.**cerca **5.** ojo **6.** calor

Lösung: espejo

Ejercicio 2: **1.** vive **2.** quiere, Tenéis **3.** llama, Es **4.** pregunta, Vas **5.** hago, Vuelvo

Ejercicio 3: **1.** falso (Cuevas va solo a la cita.) **2.** falso (El informante ya está en el lugar, dentro de su coche.) **3.** verdadero **4.** falso (Es mayor y tiene el pelo blanco.) **5.** verdadero **6.** verdadero

Ejercicio 4: **1.** los informantes **2.** las llamadas **3.** los asesinos **4.** las víctimas **5.** los inspectores

Ejercicio 5: **1.** mujer **2.** casados, hijos **3.** padre, hijos, abuelo, nietos **4.** compañeros

Ejercicio 6: **Waagerecht:** cebolla, tomate, pimiento, ajo, vinagre; **Senkrecht:** pepino, sal, aceite

Ejercicio 7: **1.** tal **2.** nada **3.** Perdona **4.** están **5.** tema **6.** cita

Ejercicio 8: **1.** ¿Dónde has conocido a Carlos? **2.** ¿Se encuentran Carlos y su padre siempre aquí? **3.** ¿Qué otros clientes tiene Carlos? **4.** ¿Cuántas veces/Cada cuánto viene Carlos a este bar?

Ejercicio 9: 1. Santos y Cuevas la siguen. 2. El equipo las descubre. 3. Cuevas lo quiere encontrar./ Cuevas quiere encontrarlo. 4. Lola los cono-ce desde hace un tiempo.

Ejercicio 10: 1. habéis buscado 2. has llamado 3. hemos perdido 4. han amenazado 5. he seguido

Ejercicio 11: 1. comisaría 2. testigo 3. llamada 4. asesina-do 5. denunciar
Lösung: celda

Ejercicio 12: 1. tiene 2. interesa 3. quiere 4. da 5. ha

Desaparecidas

Ejercicio 1: 1. los temas 2. las ideas 3. los talleres 4. los tabúes 5. las redacciones

Ejercicio 2: 1. proyecto 2. importante 3. oficina 4. telé-fono 5. nosotras

Ejercicio 3: 1. llamado 2. visto 3. dicho 4. oído 5. salido

Ejrecicio 4: 1. camino 2. mañana 3. gente 4. lunes 5. calle 6. quizá 7. escuela
Lösung: amenaza

Ejercicio 5: 1. están 2. Hay 3. necesitan 4. es 5. piensa 6. sabe

Ejercicio 6: 1. b 2. d 3. e 4. c 5. a

Ejercicio 7: 1. cerca 2. dentro 3. hacia 4. a 5. tras 6. den-tro

Ejercicio 8: **Waagerecht:** tranquilo, desconfiada, difícil, fácil, nervioso; **Senkrecht:** pequeña, asus-tada

Ejercicio 9: 1. comienzan 2. muy (~~mucho~~) 3. ocurre 4. tranquila

Ejercicio 10: 1. a 2. b 3. b 4. a 5. b

Ejercicio 11: 1. aeropuerto 2. televisión 3. trabajo 4. casa 5. grito

Ejercicio 12: 1. carretera 2. camino 3. silencio 4. cruce 5. casa 6. amiga

Test final

Ejercicio 1: 1. falso (Jaime dice que ha sido un accidente y que ha querido darle un susto a Sergio.) 2. verdadero 3. verdadero 4. verdadero 5. falso (La enfermera deja pasar a Pilar porque Pilar dice que es la hermana de Sergio. Los otros esperan escondidos y despúes van juntos a la habitación de Sergio.)

Ejercicio 2: 1. A 2. a 3. - 4. - 5. a

Ejercicio 3: 1. S 2. U 3. E 4. Ñ 5. O

Lösung: sueño

Ejercicio 4: 1. están 2. hay 3. están 4. son 5. hay 6. está

Ejercicio 5: 1. Creo que no podemos hacer nada. 2. La policía está buscando a Paulina. 3. En cualquier momento puede venir alguien. 4. Lo siento, no puedo hablar sobre ello/esto.

Ejercicio 6: 1. Paulina es abogada y trabaja en la Oficina de Protección para Mujeres. 2. Porque creen que han secuestrado a Paulina y que la han escondido en algún lugar en la Laguna Perdida donde nadie puede encontrarla. 3. Víctor, jefe de la policía, y Elías, marido de Rosa Amelia y primo de Víctor.

Glosario

a la vez	gleichzeitig
a lo mejor	vielleicht
a menudo	oft
a pesar de	trotz
a pie	zu Fuß
a través de	durch, über
abandonado	verlassen
abogado *m*	Rechtsanwalt
abrazar	umarmen
abrochado	zugeknöpft
aburrir	langweilen
acabar de + *inf*	soeben etw. tun
accidente *m*	Unfall
aceptar	akzeptieren
acercarse	sich nähern, herankommen
acertar	erraten, ins Schwarze treffen
acompañar	begleiten
acordarse *irr* de	sich erinnern an
adelantar	*hier*: überholen; vorankommen
adentrarse	befallen, überkommen, ergreifen
afectado	betroffen
afirmar	bejahen, bestätigen; bekräftigen
afueras *f pl*	Umgebung, Stadtrand
agachado	gebeugt
agarrar	kräftig festhalten
agenda *f*	Notizbuch
aguja *f*	Nadel
agujero *m*	Loch
ahogado	erstickt (Stimme)
ahorrar	sparen
ahorros *m pl*	Ersparnisse
al fondo	im Hintergrund

al parecer	anscheinend
alegrarse de	sich freuen auf/über
alegría *f*	Freude
alejarse	sich entfernen
aliento *m*	Atem
almacén *m*	Lager
alquilar	mieten
alrededor	ringsherum
alumna *f*	Schülerin
amablemente	freundlich, höflich
amanecer *irr*	dämmern
ambulancia *f*	Krankenwagen
amenaza *f*	Drohung
amenazar	(be)drohen
amordazado	geknebelt
apagar	ausschalten
aparcado	geparkt
aparecer *irr*	auftauchen
apenas	kaum
apoyo *m*	Unterstützung
apretón *m* de manos	Händedruck
aprovechar	(aus)nutzen
apuesta *f*	Wette
apuntar	anschreiben; notieren; zielen
arbusto *m*	Busch
arma *f*	Waffe
armado	bewaffnet
arrancar	anlassen, starten (Fahrzeug)
arriesgar	riskieren
ascensor *m*	Aufzug
asesinato *m*	Mord
asesino *m*	Mörder
asiento *m*	Sitz
asomar(se)	*hier*: hineinschauen
asunto *m*	Angelegenheit, Sache
asustado	verängstigt, erschrocken
atento	aufmerksam
atrapado	ertappt
aunque	obwohl
averiguar	herausfinden
avisar	Bescheid geben
bajito	leise; tief, niedrig
bala *f*	Kugel (Gewehr)
balísitica *f*	Ballistik
bancarrota *f*	Bankrott
banda *f*	Bande
barra *f*	Theke
barrio *m*	Stadtviertel
barrote *m*	Gitterstab
bastón *m*	Gehstock
bien vestido	gut gekleidet

bienvenido	willkommen
bolsillo *m*	Tasche
borracho	betrunken
broma *f*	Scherz
bromear	scherzen
búsqueda *f*	Suche
cabaña *f*	Hütte
⚡ cabezadita *f*	Nickerchen
cabina *f*	Telefonzelle
cada vez	jedes Mal
cada vez más	mehr und mehr
caer(se) *irr*	stürzen, (herunter)fallen
caja *f*	Kiste
cajón *m*	Schublade
callado	verschwiegen, still
capaz de	fähig zu
cárcel *f*	Gefängnis
cariño *m*	Schatz
cariñosamente	liebevoll
carretera *f*	Landstraße
cartel *m*	Schild
cartera *f*	Brieftasche
caso *m*	Fall
celda *f*	Gefängniszelle
cerradura *f*	Türschloss
cientos *m pl*	Hunderte
cita *f*	Treffen
codo *m*	Ellenbogen
coincidir	übereinstimmen
colgar *irr*	auflegen (Telefon); (auf)hängen
coma *m*	Koma
compararse	sich vergleichen
comportarse	sich verhalten
comprobar	feststellen, nachweisen
con detalle	genau, im Detail
con rapidez	schnell, schleunigst
condena *f*	Strafe, Verurteilung
condenar	verurteilen
condición *f*	Bedingung
confiar en alguien	jmd. vertrauen
confirmar	bejahen
conocido *m*	Bekannter
conseguir *irr*	schaffen; bekommen
consolar *irr*	trösten
contar	erzählen; rechnen
contar *irr* con	zählen auf, rechnen mit
convencido	überzeugt
correr	rennen
costar	*hier*: schwerfallen; kosten
crecer *irr*	*hier*: steigen; wachsen
crimen *m*	Verbrechen

cruzarse	*hier*: begegnen; kreuzen
cualquier(a)	irgendwelche(r/s)
cuanto antes	so schnell wie möglich
cubrir *irr*	bedecken
cuerpo *m*	Körper
culpa *f*	Schuld
culpable *m/f*	Schuldige/r
culpable	schuldig
cuna *f*	Wiege
curiosidad *f*	Neugier
dar *irr* la razón a alguien	jmd. Recht geben
dar *irr* en	treffen auf/in
dar *irr* importancia	Bedeutung beimessen
dar *irr* un susto a alguien	jmd. einen Schreck einjagen
dar *irr* vueltas	*hier*: hin- und herdrehen
darse *irr* cuenta de algo	etw. bemerken
darse *irr* la vuelta	sich umdrehen
darse *irr* prisa	sich beeilen
de espaldas a	mit dem Rücken zu
de fondo	*hier*: im Hintergrund
de nada	nichts zu danken, gern geschehen
de repente	plötzlich
de sobra	*hier*: genug; im Überfluss
de todas formas	jedenfalls
deberes *m pl*	Hausaufgaben
decepcionado	enttäuscht
decidido	entschlossen, entschieden
declarar culpable	für schuldig erklären
defender(se)	(sich) verteidigen
¡Déjeme en paz!	Lassen Sie mich in Ruhe!
dejar	*hier*: (aus)leihen; lassen
dejar de	aufhören
dejar solo	allein lassen
delatar a alguien	jmd. anzeigen
demostrar	beweisen
denegar *irr*	ablehnen
denuncia *f*	Anzeige
denunciar	anzeigen
deprisa	eilig, schnell
desaparecer *irr*	verschwinden
desaparición *f*	Verschwinden
descargar	abladen
desconfiado	argwöhnisch
desconocido	unbekannt
descubrir *irr*	entlarven, entdecken
desde hace	seit
desde principios	von Anfang an, seit Beginn
desesperado	verzweifelt
desgracia *f*	Unglück
despacio	langsam
despedirse *irr*	sich verabschieden

desperdiciar	verpassen
despertador *m*	Wecker
despistar	irreführen
desprender	verströmen, entströmen
desvío *m*	Abzweig
detener *irr*	festnehmen
deuda *f*	Schulden
devolver *irr*	zurückgeben
dichoso	*hier*: verdammt
dirigir	*hier*: regeln; leiten, führen; steuern
dirigirse hacia	sich begeben nach
disfrutar	genießen
disparar	schießen
disparo *m*	Schuss
⚡ dormilón *m*	Schlafmütze
duda *f*	Zweifel
dueño *m*	Besitzer
echar la siesta	Mittagsschlaf halten
elegir *irr*	wählen
embarazada	schwanger
empeorar	verschlimmern
empezar *irr*	anfangen, beginnen
empresa *f*	Firma, Unternehmen
empresario *m*	Unternehmer
empujar	schubsen, stoßen
en cambio	dagegen, hingegen
en observación	unter Beobachtung
en un hilo de voz *fig*	mit dünner Stimme
encajar	zusammenfügen, verbinden
encantado	sehr erfreut
encargarse de	sich kümmern um
enfermera *f*	Krankenschwester
enfermo	krank
¡Enhorabuena!	Herzlichen Glückwunsch!
enseguida	sofort
entreabierto	halb offen
entrega *f*	Lieferung
equivocarse	sich irren
error *m*	Irrtum, Fehler
escalera *f*	Treppe
escapada *f*	*hier*: Ausflug, Urlaub; Flucht
escaparse	fliehen, entwischen
esconderse	sich verstecken
escondido	versteckt
esperanza *f*	Hoffnung
esquiar	Ski laufen/fahren
establecimiento *m*	Geschäft
estante *m*	Regal
estar *irr* convencido	überzeugt sein
estar *irr* de servicio	im Dienst sein
estar *irr* detrás de algo	hinter etw. stecken

estar *irr* en peligro	in Lebensgefahr sein
estar *irr* equivocado	falschliegen, sich irren
estar *irr* harto de algo	etw. satt haben
estatura *f*	Körpergröße
evitar	vermeiden
exagerado	übertrieben
excavar	graben
excusa *f*	*hier*: Entschuldigung; Ausrede
experiencia *f*	Erfahrung
explanada *f*	freier Platz
explicación *f*	Erklärung
factura *f*	Rechnung
fianza *f*	Kaution
fiarse de	vertrauen (auf)
fijarse en	achten auf
fuente *f*	Quelle
¡Fuera!	Raus (hier)!
fuera de sí	außer sich
furgoneta *f*	Lieferwagen, Kleintransporter
ganar	gewinnen
gastar una broma	sich einen Scherz erlauben
gazpacho *m*	*kalte spanische Gemüsesuppe*
golpear	schlagen
gran paso *m*	großer Sprung
granadino *m*	Einwohner von Granada
grave	schlimm
gravedad *f*	*hier*: Schwere
gritar	schreien
grito *m*	Schrei
guardar	aufbewahren
hacer *irr* compañía	Gesellschaft leisten
hacer *irr* daño a alguien	jmd. etw. antun, Schaden zufügen
⚡ hacer *irr* la vista gorda	ein Auge zudrücken
hacer *irr* (un) buen precio	preisgünstig anbieten
hacia atrás	rückwärts, zurück
herido	verletzt
hipotecado	mit einer Hypothek belastet
hombro *m*	Schulter
huella *f*	Spur, (Fuß-/Finger-)Abdruck
huerto *m*	Gemüsegarten
huir *irr*	fliehen
imaginación *f*	*hier*: Einbildung
imaginarse	sich vorstellen
implicado	verwickelt
impotente	machtlos
incluso	sogar
inconsciente	bewusstlos
inesperado	unerwartet
informe *m*	Bericht
inocencia *f*	Unschuld
inocente	unschuldig

inseparable	unzertrennlich
insistir (en)	auf etw. bestehen, bekräftigen, nachhaken
insomnio *m*	Schlaflosigkeit
instante *m*	Augenblick
intención *f*	Absicht
intentar	versuchen
intento *m*	Versuch
interrumpir	unterbrechen
intrigado	(an)gespannt, neugierig
inútil	sinnlos
inventario *m*	Inventur
investigar	ermitteln
ir *irr* a por alguien	jmd. suchen, verfolgen
jefe *m*	Chef
jubilado *m*	Rentner
juez *m*, jueces *m pl*	Richter
⚡ La esperanza es lo último que se pierde.	Die Hoffnung stirbt zuletzt.
ladrón *m*	Dieb
lamentablemente	leider
lavar	waschen
ley *f*	Gesetz
llamar al timbre	klingeln
llave *f*	Schlüssel
llegada *f*	Ankunft
llevarse	mitnehmen
localizar	ausfindig machen
luchar por	kämpfen um/für
machismo *m*	Machismo, Sexismus
maltratar	misshandeln, missbrauchen
maltrato *m*	Misshandlung, Missbrauch
manchado	beschmutzt
manera *f*	Art und Weise
mantenerse *irr* lejos	sich fernhalten
marca *f*	Spur
marcar	*hier*: wählen; kennzeichnen
marido *m*	Ehemann
matar	töten
matrícula *f*	*hier*: Autokennzeichen
¡Menos mal!	Zum Glück!, Gott sei Dank!
mensaje *m*	Nachricht
mentir *irr*	(an)lügen
mercancía *f*	Ware
meta *f*	Ziel
meterse en algo	sich in etw. einmischen
mezclar	(ver)mischen
miedo *m*	Angst
mientras	während(dessen)
mirada *f*	Blick
mirar a su alrededor	um sich schauen
molino *m*	Mühle

móvil *m*	Handy; Motiv
murmullo *m*	Geflüster
negar *irr*	verneinen
negocio *m*	Geschäft
neumático *m*	Reifen
nieve *f*	Schnee
⚡ ¡No hay tiempo que perder!	Keine Zeit zu verlieren!
No me suena.	Das sagt mir nichts.
no… ni…	weder … noch …
⚡ no pegar ojo	kein Auge zutun
¡No te preocupes!	Mach dir keine Sorgen!
nos gustaría	wir möchten gerne
oculto	*hier*: unterdrückt; verborgen, geheim
ocurrido	geschehen, passiert
olor *m*	Geruch
ONG (Organisación No Gubernamental) *f*	NGO (Nichtregierungsorganisation)
oportunidad *f*	Chance
paciencia *f*	Geduld
pajar *m*	Scheune
pantalla *f*	Display
parado	abgestellt
pararse	stehen bleiben, anhalten
parecido	vergleichbar, ähnlich
pared *f*	Wand
pariente *m/f*	Verwandte(r)
pasillo *m*	Gang, Flur
paso *m*	Schritt
pecho *m*	Brust
pedido *m*	Auftrag
pegar un salto	aufspringen
pelea *f*	Schlägerei
peligro *m*	Gefahr
peligroso	gefährlich
pensamiento *m*	Gedanke
pensativo	nachdenklich
perder	verlieren
perder de vista a alguien	jmd. aus den Augen verlieren
perdido	*hier*: leer; verloren
pesadilla *f*	Albtraum
piedra *f*	Stein
pieza *f*	Stück, Teil
pista *f*	Skipiste; Spur, Hinweis
planta *f*	Etage
pollo *m* asado	Brathähnchen
polvo *m*	Staub
poner *irr*	*hier*: bringen; stellen, legen
por fin	endlich
por si acaso	für alle Fälle
por suerte	zum Glück
preocupación *f*	Sorge

preocupado	besorgt
principal	Haupt…
probablemente	wahrscheinlich
profundo	tief
prometer	versprechen
protección *f*	Schutz
proteger	schützen
proveedor *m*	Lieferant
prueba *f*	Beweis; Prüfung
puerta *f* de atrás	Hintertür
↯ ¿Qué pintas tú en todo esto?	Was hast du mit all dem zu tun?
↯ ¡Qué va!	Ach was!
quedar(se)	bleiben
quizá	vielleicht
ración *f*	Portion
raqueta *f* de nieve	Schneeschuh
recibido	*hier*: empfangen
recibir	bekommen, erhalten
reconocer *irr*	*hier*: erkennen
red *f* de corrupción	Netz(werk) der Korruption
redacción *f*	Aufsatz
referirse *irr* a	meinen, sich beziehen auf
refresco *f*	Erfrischungsgetränk
refuerzo *m*	Verstärkung
registrado	*hier*: gespeichert
regresar	zurückkehren
relación *f*	Beziehung
relacionado con	in Verbindung mit
relajarse	sich entspannen
repetir *irr*	wiederholen
resolver *irr*	lösen
respetar	respektieren
respirar	atmen
retrasar	verzögern, aufschieben
rincón *m*	Ecke
riquísimo	sehr lecker
robar	(be)klauen
robo *m*	Raub
romper	*hier*: einschlagen; kaputt machen
ropa *f*	Kleidung
rueda *f*	*hier*: Reifen; Rad
ruido *m*	Geräusch
sacar	hernehmen, ziehen
salir *irr* de dudas	sich Gewissheit verschaffen
↯ salir *irr* de marcha	feiern gehen
salita *f*	kleines Zimmer
salón *m*	*hier*: Wohnzimmer
sangre *f*	Blut
secuestrar	entführen
secuestro *m*	Entführung
seguir *irr*	weitermachen; (ver)folgen

según	laut, … zufolge, je nach
semáforo *m*	Ampel
señalar	*hier*: hinweisen auf; zeigen
sensación *f*	Gefühl
sentido *m*	Sinn
sentirse *irr*	sich fühlen
sentirse *irr* incómodo	sich unbehaglich fühlen
siesta *f*	Mittagsruhe, Mittagsschlaf
significativa	charakteristisch, unverkennbar
silencio *m*	Stille
sin duda	zweifellos
sincero	ehrlich, aufrichtig
sobre todo	vor allem
soler + *inf*	etw. zu tun pflegen
sonar	klingeln
soñar	träumen
sonreír *irr*	lächeln
sonrisa *f*	Lächeln
sorprenderse	überrascht sein
sospechar	ahnen, vermuten
sospechoso	verdächtig
sótano *m*	Keller
subconsciente *m*	Unterbewusstsein
suceder	geschehen
sucio	schmutzig
sudor *m*	Schweiß
suelo *m*	Boden
suelto	*hier*: auf freiem Fuß
sueño *m*	Traum
suerte *f*	Glück
suficientemente	ausreichend
sujetarse	stützen
suponer *irr*	vermuten
suspirar	seufzen
susto *m*	Schreck
taller *m*	*hier*: Workshop
tapado	bedeckt
tejado *m*	Dach
tender una trampa	eine Falle stellen
tener *irr* algo claro	etw. klar vor Augen haben
tener *irr* cuidado	aufpassen
tener *irr* fama de	in dem Ruf stehen zu
tener *irr* ganas de	Lust haben auf/zu
tener *irr* orden	Befehl/Anweisung haben
tener *irr* prisa	in Eile sein, es eilig haben
tener *irr* razón	recht haben
tener *irr* relación con	zusammenhängen mit
tensión *f*	Spannung
terror *m*	panische Angst
tirarse	sich hinwerfen
todo recto	geradeaus

todoterreno *m*	Geländewagen
tono *m* de voz	Stimme
tontería *f*	*hier*: Nichtigkeit; Dummheit
tráfico *m*	Verkehr
trama *f*	Komplott
tramar	etw. im Schilde führen
tramo *m* de escaleras	Treppenabschnitt
tranquilizarse	sich beruhigen
trapo *m*	Lumpen
trasto *m*	Zeug, Gerümpel
trato *m*	Deal
⚡ ¡Trato hecho!	Abgemacht!
trepar	klettern
tropezar	stolpern
trozo *m*	Stück
tumbado	liegend
urgentemente	dringend
vacaciones *f pl*	Urlaub
vacío	leer
⚡ ¡Vaya pregunta!	Was für eine Frage!
vecina *f*	Nachbarin
venda *f*	Binde
⚡ ¡Venga ya!	Ach Quatsch!
verja *f*	Zaun
¡Vete!	Geh(e)!
víctima *m/f*	Opfer
viejos tiempos *m pl*	(gute) alte Zeiten
vigilar	*hier*: Wache halten, aufpassen
volver *irr*	zurückkommen
volver *irr* a + *inf*	etw. wieder tun
volver *irr* a llamar	zurückrufen
voz *f*, voces *f pl*	Stimme
⚡ ya ser mayorcito	schon ein großer Junge sein

Tabla de ejercicios

Compact Lernkrimi
Spannend Sprachen lernen

Compact Lernkrimi Lektüren

› Spannende Krimistorys mit zahlreichen Übungen
› Vokabel- und Infokästen direkt auf der Seite
› Durchgehende Geschichte oder drei Kurzkrimis

ab **7,99 €** (D)

Compact Lernkrimi Sammelband

› Drei Lernkrimis in einem Band mit über 300 Übungen
› Für mittleres bis fortgeschrittenes Sprachniveau
› Auch Sammelband Kurzkrimis erhältlich

12,99€ (D)

Compact Lernkrimi Lernthriller

› Hochspannende Thriller mit Gänsehaut-Garantie
› 70 Übungen mit ansteigendem Schwierigkeitsgrad
› Vokabel- und Infokästen

7,99 € (D)

Compact Lernkrimi Hörbuch

› Krimistory auf CD mit MP3-fähigen Tracks
› Gelesen von Muttersprachlern
› Begleitbuch zum Mitlesen inklusive Übungen und Vokabelangaben

9,99€ (D)

Compact Lernkrimi Sprachkurs

› Sprachen lernen für Anfänger
› Krimigeschichte in 10 Lektionen
› Vokabelkarten zum kostenlosen Download

14,99€ (D)

Compact Lernkrimi Rätselblock

› Mini-Krimis mit vielen Rätselübungen
› Lösungen und Vokabelangaben auf der Rückseite
› Zahlreiche Illustrationen

5,99€ (D)

Englisch | Französisch | Italienisch | Spanisch
Deutsch als Fremdsprache | Schwedisch | Niederländisch

www.lernkrimi.de
www.compactverlag.de
www.facebook.com/lernkrimi